黒木魔奇録
狐憑き

黒木あるじ

竹書房
怪談
文庫

目次

さいせい

ひとつめのビデオデッキは、リサイクルショップで購入したジャンク品。
帰宅途中でランクルに真横から突っこまれ、車ごと鉄屑になった。
ふたつめは、友人の実家で押し入れに眠っていた一台。
借りる予定の前夜、不審火で友人宅ごと焼けている。
みっつめはバイト先の店長が「あ、ウチにあるかも」と探す約束をしてくれた。
翌日から店長と連絡が取れなくなったため、いまも彼ごと行方が知れない。
だから、男性はいまだに父の形見であるＶＨＳテープを再生できていない。
〈見ナ■デ〉と滲(にじ)んだラベルが、気になって仕方ないのだが。

訂正

友人の誘いを断りきれず、真夜中の県境(けんざかい)へふたりで赴く。

目的地は一軒の廃屋で、どうやらいわくつきの建物らしかった。けれども、友人はこちらの反応を愉しんでいるのか、現地に到着しても詳細を教えてくれない。勿体ぶった態度に苛立(いらだ)ちつつ庭の藪(やぶ)を漕ぎ、割れガラスをまたいで縁側から室内へ入った。

懐中電灯の光に、腐りかけた畳や剥(む)きだしの根太(ねだ)が浮かびあがる。壁を埋めつくすスプレーの落書き。焦げた柱には「ホントニイル」の文字が刃物で刻まれている。床に散らばった雑誌は、いずれも表紙を飾るアイドルの顔だけが切りとられていた。

異様な光景に絶句するなか、友人が「な、ヤバいだろ」と得意げに声をひそめる。

「はいはい。で、此処(ここ)はなんなの」

同意するのも癪(しゃく)にさわり無関心をよそおって訊ねる。だが、友人は遠まわしの抗議を無視して「あのな、あのな」と嬉しそうに囁(ささや)いた。

「実は、この家で……」

わざとらしく一拍置いてから、

「殺人事件が起こったんだってさ！」

絶叫とともにこちらの肩を揺さぶった直後、

「ちがうう」

耳のそばで声が聞こえたかと思うと、

「いっかしんじゅうッ」

背後から伸びる手が懐中電灯を遮(さえぎ)った。

光の輪に一瞬だけ見えた掌(てのひら)は、黒く萎(しな)びていた。


逃げる際に釘板を踏みぬいて負った傷は、いまでも足の甲に残っている。

墓地や自殺の名所に近づくと、きまって激しく痛む。

きのせい

「……じゃあ、巡回のルートを説明するから」

そう言うと、山田と名乗る白髪の警備員はD君の前を歩きはじめた。

その背中を追う足どりは重い。無理もなかった。なにせサークルの先輩から強引に押しつけられたバイト、おまけに現場は悪名高き「幽霊ビル」なのだ。

幽霊ビルは、アパレルの店が数多く入居しているファッションビルだった。禍々(まがまが)しい名前はもちろん俗称で、建物の正式名は方言と英語を組みあわせた造語である。ふた昔ほど前は若者のデートスポットとして人気を馳せていたらしいが、ビルの建つ商店街がシャッター通りと化すのに比例し、ビルそのものも客足が減ったと聞いている。

事実、D君自身も進学のためにこの街へ越して以来、幽霊ビルで買い物をしたことは一度もない。郊外のショッピングモールよりも交通の便が悪いことに加え、地元出身の同級生たちが教えてくれた「妙な噂」が、近づくのを躊躇させていた。

——あそこのトイレ、年に何回も首吊りがあるんだって。

——しかも、見るんだって。居るんだって。

——霊感のある人は、ドアをくぐった瞬間に具合が悪くなるんだって。

幽霊も霊感もあまり信じてはいないが、だからといって不気味な噂を無視できるほど無頓着でもない。できることなら、入店の機会など永遠に持ちたくなかった。

それが、こんな形で。夜中の警備員バイトで。

最悪だ——ため息をこぼしながら、彼は山田老人のあとを歩いた。


評判にたがわず、館内は荒涼としていた。

一階こそ化粧品売り場のおかげでなんとかそれらしさを保っていたが、二階は暗澹たるありさまだった。壁紙はあちこちがめくれ、床にはガムの跡や靴の汚れが点々と残っている。配管から水でも漏れているのか、天井にはところどころに黒い染みが見えた。

テナントは半分ほどしか入居していないようで、ぽかんと空いたスペースが目立つ。なかにはマネキンやトルソーが無造作に積まれた一角もあって、不気味さにいっそう拍車をかけていた。

怯えるD君などお構いなしで、山田老人は懐中電灯を手に階段へと向かっている。一見したかぎりあまり真面目に巡回している様子はない。その投げやりな態度につい気を許し、D君はおそるおそる話しかけた。

「あの……変なものが出るって本当ですか」

一瞬立ち止まってから、山田老人が鼻で笑った。

「たしかに、トイレで人が死んだとかお化けが出るだとか与太話はいろいろあるねえ。もっとも私は此処に配属されてから二年だけど、変なものなんて一度も見てないよ」

だから、気のせいじゃないの——。

言い含めるような最後のひとことに気圧されて沈黙する。と、そんなD君を一瞥して山田老人が言葉を続けた。

「ま、正直なところ寂しい雰囲気のビルだからね。いろいろと噂が立つんだろう。でもその理屈で言えば、日本中の経営が苦しいお店はお化けだらけになっちゃうでしょ」

口ぶりこそ冗談めかしていたが、山田老人の理屈は腑に落ちた。なるほど、すべては心持ちひとつ、まさしく気のせいということか。

安堵しつつ、二階から三階へ続く階段をのぼりはじめる。

と――その数秒後。

がん、がぁん。

空のバケツを蹴り飛ばしたような金属音が反響した。

音の方角は、いましがた通りすぎたばかりのフロア付近から聞こえている。

反射的に来た道へ視線を送ると同時に、

「気のせいだから」

山田老人が、こともなげに言った。

「空調を切ったから、温度差でダクトが鳴るんだよ。最初はみんな驚くんだよね」

退屈そうな口調――彼にとっては聞き飽きた音なのだろう。もしかしたら、噂もこの音に驚いた人間が広めたのかもしれない。

怯えた自分をひそかに恥じながら、三階に足を踏み入れる。

次の瞬間、ざざざざざっ、と灯りの前をなにかが横ぎった。カーテンを勢いよく引いたような、人間離れした動きだった。

「気のせい気のせい」

叫び声をあげるより早く、山田が口を開いた。

「三階も空きテナントだらけでしょ。それを隠すパーテーションに懐中電灯の光が反射するんだよ。加減によっては、影が変なものに見えちゃうの」

「な、なるほど」

同意してみたものの、D君の心にはかすかな違和感が残っていた。山田老人の説明が流暢（りゅうちょう）すぎるように思えてならなかった。

もしかして彼は、これまでも何度となくおなじ説明をしているのではないか。つまり、それだけ多くの説明が必要なほど、アルバイトが頻繁に入れ替わっているのではないか。だとしたら、なぜ彼らはすぐに辞めてしまったのだろうか。

本当に──気のせいなのか。

どれほど考えていたのだろう。我に返ると、山田老人の姿が見えなくなっていた。

「あ、あの、山田さんッ」

慌てて懐中電灯を振りまわし、あたりを照らす。バーゲンセールの吊るし札。虚空を見つめるマネキン。青色のピクトサインが貼られた男子トイレのドア──。

そこで、光が止まった。

ドアに嵌められた長方形の磨りガラスに、年配の男が顔を押しつけている。制服姿だが、あきらかに山田老人ではない。こちらを睨む眼球が、ガラス越しにも明瞭りとわかる。唇からは長い舌がこぼれ、ガラスを汚く濡らしていた。

「気のせいだよ」

声に振りかえる。山田老人が、いつのまにか背後に立っていた。

「気のせい、気のせいなんだ」

「いやいやいや、違うでしょ」

さすがにかぶりを振った。音や光の反射なら「気のせい」という発言も理解できる。しかしいま、自分は見ているのだ。目の前に居るのだ。

「これは、さすがに気のせいじゃ……」

「気のせいだよッ」

小柄な身体に似つかわしくない怒鳴り声をあげると、山田老人は驚いて身をすくめるD君をねっとりと見つめ、微笑んだ。

「居るはずがないんだよ。だって」

あいつ去年の暮れに死んでるんだもの。

そんなわけで、D君のバイトは初日で終了となった。

意外なことに、当の幽霊ビルは五年が過ぎた現在も営業を続けている。

山田老人がまだ勤務しているのかどうかは知らないという。

是正

昨年、東日本のある街に怪談取材へ赴いたおり、タクシー運転手の男性が私の職業を聞いて「怖いってほどじゃないですが……」と、教えてくれた話である。

彼自身が、数年前に体験した出来事だそうだ。

ある雨の夜、彼はひとりの客を駅前で拾った。

客は坊主頭の男性で、転げるように後部座席へ乗りこんできたときは、すでに正体をなくしていた。おかげで行き先を訊ねてもいっかな要領を得ない。きれぎれの言葉からようやく住所を割りだし、なんとか車を発進させた。

男が告げた先は、車で二十分ほどの場所にある旧街道筋だった。「それなりの距離、黙っているのも退屈だろう」と気を利かせて声をかけたものの、後部座席からは反応がない。バックミラーをちらりと見遣れば、男はシートにもたれかかり鼾をかいていた。風態から察するに、どこかの社長か重役なのかもしれない。なるほど、道理でコートもマフラーも上等な品である。

良いご身分だ――つい独りごちてしまう。そんな愚痴が漏れるほど、いつもに増して憂鬱な夜だった。

客はここ半年ほどでめっきりと減り、とりわけ雨の日にはそもそも飲みに出てこないようで、稼ぎが更にすくなくなる。このままの売りあげが続くようなら、来年あたりは廃業も考えなくてはいけない。しかし、いまはそんな遠い先の進退よりも、今日明日の日銭をなんとか確保するのが先決だった。

焦る気持ちを急かすように、雨足はどんどん強くなっていく。この天候では、駅前へ戻っても新たな客は見こめないだろう。それでは困る。一円でも多く稼ぎたい、すこしでも余計に金が欲しい――そんなことばかり考えているうち、車は目的地の手前に辿りついた。この先の十字路を右へ曲がれば、あとはメーターを止めるだけだった。

ふと、よこしまな考えが頭をよぎる。

あの十字路でハンドルを反対方向に切れば、二、三キロは余分に走行距離が延びる。

千円ほど多めに運賃を請求できる。

もう一度、後部座席をたしかめた。禿頭の男はあいかわらず口を開けて、だらしなく眠りこけている。これだけ熟睡しているならば、すこし遠まわりをしても勘づくまい。たかだか千円かそこらの割増、その程度で揉めることもないだろう。もし抗議されたら「お客さんに言われたとおり来ただけですよ」とシラを切れば良い。

俺が悪いんじゃない、寝ているほうが間抜けなんだ。誰にともなく弁解をして、目的地とは逆の方向へハンドルをまわす。

「おあッ」

途端、慌ててブレーキを踏んだ。

道が、ない。

ヘッドライトの先には、ぬろりとした闇があるばかりだった。濡れたアスファルトも路傍の標識も両脇にならぶ家々も、延々と続く板塀も見あたらない。フロントガラスへ暗幕を広げられたように、黒一色が視界いちめん広がっていた。

数えきれないほど走った道である。雨の真夜中とはいえ、迷うことなど有り得ない。気づけば、ハンドルを掴む手がじっとりと濡れている。掌の汗をシャツで拭いながら、運転手の男性は直感した。

自分はいま、過ちを正されているのではないか。

それで良いのかと、質(ただ)されているのではないか。

誰に。

鳥肌が全身を走る。電流でも流されたように、膝(ひざ)がびんびんと震えた。

急いでギアをバックに入れ、十字路手前まで車を後退させる。ハンドルを右に切って正しい道に進むと、目の前にはいつもと変わらぬ古い町なみが待っていた。


それからまもなく、タクシーは告げられた住所へ無事に到着する。

「……お客さん、着きましたよ」

呼びかけに後部座席の男が大きく伸びをした。すっかり酔いが醒めたと見えて、先ほどよりも表情が締まっている。

「ああ、すまんがもうすこし先までやってくれ。参道が長いんで歩くのは億劫だ」

参道――とは、なんだ。意味を判じかねたまま、指示されたとおりアクセルを踏む。

百メートルほど前進したところで、男が「ああ、ここで大丈夫だ」と車を停めた。

「……これは」

フロントガラスへ顔をつけるようにして、目の前の景色を眺める。

広々とした駐車場には「■■院」と書かれた看板が立てられていた。夜目にも立派な山門。そこから延々と続く飛び石。その先には本堂とおぼしき瓦屋根の建物が見える。

「お寺ですか……すると、あなたはお坊さんでしたか」

どうりで、さっき。呆然とする彼をよそに男は財布から一万円札を抜きだし「釣りは要らん、お礼だ」と告げた。

「思ったよりもずいぶんと早く着いたから、これで朝のお勤めまでゆっくり眠れるよ。あんたが〈正しい道〉を走ってくれたおかげだ」

嬉しそうに言うと、男はわずかにふらつく足どりで山門の奥へ姿を消していった。


「実は……その後に一度だけ、あのお寺から送迎の連絡が入ったんですよ」

料金を払って降りかけた私へ、運転手の男性がぽつりと言った。

「ところが乗りこんできたのは、あの男性と似ても似つかない顔の住職でね。それとはなしに訊いたんですが〝ウチには自分以外に坊主なんていないぞ〟と言われましたよ。

〝じゃ、あれは誰だ〞って話になるんですが」

たぶん――大事なのはそこじゃないんでしょうな。

その言葉で、彼の話は終わった。

取材先までの道のりは非常にスムーズで、予想したより運賃が非常に安かった旨も、念のためここに記しておきたい。

あめのせい

知人の仲介で、Dちゃんという女性からオンラインミーティングの招待を受けた。なんでも「フシギでステキな話があるので、相談に乗ってほしい」のだという。

パソコンの画面ごしに対面するなり、彼女は「はじめましてッ」と手を振ってきた。動画サイトでアイドル活動をおこなっているというだけあって、なかなかアピール力の高い女性である。その過剰な明るさに怯(ひる)みつつも、私はさっそく取材を開始した。


ことのおこりは、数週間前の夜。

ライブ配信の最中にファンから届いた「ガラスにファミリーが映ってるよ!」という短いコメントがきっかけであったという。

どうやら指摘を受けた〈ガラス〉とは、背後に見える窓のことらしい。実家住まいと公言していたため「家族が配信に気づかずやってきた」と、からかわれたのである。

ところがDちゃん、実はワンルームマンションで暮らしていた。しかも彼女の部屋は三階にあって窓の外に人が立てるような空間はない。

「でも、ファンに内緒だから〝ありえないよ〟とも言いだせなくって。そのときは軽く受け流して、配信を終えるなりさっそくアーカイブ動画を確認したんです」

たしかに、影とも汚れともつかぬ薄黒い物体が、窓の向こうで動いている。

目を凝らせば人間のシルエットに見えなくもないが、それにしても全体的にゆるい。窓枠や観葉植物はくっきり映っているので、ピントがボケたわけではなさそうである。

ただただ「フシギ」に思いながら見つめるうち、ハッとした。

彼女いわく「自分の守護オーラだという閃きがあった」らしい。

「雨の日って、窓の向こうが濡れてぐにゅぐにゅになるじゃないですか。ワタシ、あの窓が好きなんですけど、まさしくあんな感じだったんですよ。だから、これはワタシを護(まも)ってるんだと直感して〈雨の精〉って命名したんです。ね、フシギでしょ」

翌日の配信では取りたてて〈雨の精〉には言及しなかった。「自分のファンはそっち路線に食いつかない」との判断によるものだという。なかなかしたたかである。

ところが先日、彼女は〈そっち路線〉への転向を真剣に検討しはじめた。

〈雨の精〉と再会したのである。

二度目の出現はまたもや配信中。おまけに今回は窓の手前、つまり室内にあらわれたのだという。おかげでファンからは「煙(けむ)たくね？　火事じゃね？」「鍋、コンロにかけっぱだったりしない？」と心配するコメントが殺到してしまった。

「でも、やっぱりワタシの肉眼ではなにも確認できなくて。その場はなんとかざわつくファンをなだめて、配信終了後に急いで映像をチェックしたんです」

再生した瞬間、彼らの発言に納得する。

なるほど、オーラは煙を思わせるフォルムをしていた。

前回が濡らしすぎた筆による滲(にじ)んだ水彩画だとすれば、今回はキャンバスに絵の具をぽんぽん叩きつけた点描に近い。ふと「曇り窓みたいだな」と感じた。

「結露(けつろ)で曇ってる窓って、もわあん、としてますよね。あんな雰囲気だったんですよ。だから今度はお名前を〈曇りの精〉にしました。ちょっとステキでしょ」

「それで……ここからが相談なんですけども」

話をひとくさり終えた彼女が、この日いちばんの笑顔を浮かべる。

「ワタシ、このオーラさんを活用してステップアップしたいんです。なので、専門家に動画でコメントしてほしいんですけど……よければゲスト出演をお願いできませんか」

白い歯を見せて頼みこむDちゃんを前に、私は悩んでいた。

適当に話をあわせるか、それとも正直な感想を告げるべきか――しばらく迷ってから、意を決して後者を選び、私は率直な意見を述べた。

「正直、オーラじゃないと思うんですよね。マンションに関係している〈なにか〉か、もしくはDさんに関係する〈誰か〉じゃないか、そんな感じがするんですけど。あと、最初が雨の窓っぽくて次が曇り窓みたいって……それ、だんだんと輪郭がはっきりしていませんかね。三度目で〈晴れの精〉になったら、正体を見ちゃうんじゃないですかね」

そう告げたとたんDちゃんは真顔になり、なにも言わず退出してしまった。

それきり、新たなオンラインミーティングの招待は届いていない。

怪禍

災疫に怯え、人の姿が消える。

不安、焦燥、絶望。負の感情だけが無人の街を漂っている。

そして——そんな淀んだ大気を啜ろうと、姿をあらわすモノたちがいる。


今春の話である。

その朝、Lさんは都内某駅の東西連絡通路を歩いていた。対面での打ちあわせや書類提出のために設定された、週に一度の出勤日であったという。

それにしても——通路を闊歩しながら、目の前の景色に愕然とする。

数週間前までひしめきあっていた通勤客は、いまやほとんどいない。わずかに見受けられる人々は一様に鎮痛な面持ちで、なにかに怯えるような表情を浮かべていた。

「……どうなっちゃうんだろ」

思わず呟く。それが自身の将来に対しての言葉なのか、漠然と未来について漏らした言葉なのか、自分でもわからなかった。

異変は、そんな独り言の直後に起こる。

ひとりのサラリーマンが、彼女の前へふらふらと割りこんできたのである。

「いきなり目の前にオジさんの後頭部ですよ。いつもなら気にも留めないんですけど、〝人との接触を避けろ〟ってさんざん言われてる最中でしょ。さすがにイラッときて、怒りを態度で示そうと思ったんです」

ハイヒールを大仰に鳴らしながら、早足で男の脇をすり抜ける。数歩先まで進むと、ことさらに睨(にら)みをきかせて振りむいた。

「うひ」

意思と無関係に、短い叫びが漏れる。

男には、顔がなかった。

目鼻のある部分はごっそりえぐれ、ドームの天井を思わせる空洞が骨の白と肉の赤でまだらになっている。随所に見える青い糸は、どうやら血管らしいと気がついた。

あ、この人は「とても良くない死にかた」をしたんだ。

電車か飛び降りか知らないけど、事故で亡くなったんだ。

直感におののく彼女を再び追い抜くと、顔なし男はまばらな雑踏に消えていった。

「いままでは、通勤客が多すぎて気づかなかったんですかね」

取材の終わり際、彼女は「来週から通常出勤に戻る予定です」と教えてくれた。

また、あの男を見るのではないか——それが、いまはなにより憂鬱だそうだ。


四月半ばの午後、主婦のUさんは近所のちいさなスーパーへと向かっていた。

「一週間ぶんの食糧をまとめ買いして、家に引きこもるつもりでした。昔から心配性なもので〝子供や夫に感染させたらどうしよう〟と気になっちゃって……」

自他ともに認める神経質な彼女、スーパーへの道のりにも余念がなかった。

その日の道程に選んだのは歩きなれた大通りではなく、住宅街の小径。他人と接触がすくないと踏んでの選択であったという。

家々のあいだを抜けて裏路地を早足で進む。予想どおり、すれ違う人は皆無である。

もとより往来の乏しい道ではあったが、それにしても今日はとりわけ寂しい。午後の眩しすぎる陽射しが、却って寂寞感を強くさせている。湧きあがる不安に踵をかえそうか迷うほど、漂う空気は重かった。

戻るな、気の所為だ。いろいろありすぎて精神が参っているだけだ。

おのれを奮い立たせ、サンダルを深く履きなおして歩調を速める。やがて、馴染みの市道が遠くに見えた。あの角を曲がれば、スーパーの駐車場に出るはずだ。

安堵に息を漏らす。次の瞬間——その音が耳に届いた。

さくっ、さくっ。

ビスケットを噛むような、軽い響き。

周囲を窺うも、やはり人の姿はない。見えるのは静まりかえった民家とゴミ置き場、猫除けのペットボトルに、幼稚園とおぼしき施設だけである。

耳を澄ますあいだも、音は止む気配がない。気にせず通り過ぎてしまえば良いのだろうが、生来の性格がそれを許さなかった。もう一度、あたりへ目を凝らす。建ちならぶ家々、ゴミ置き場、ペットボトル、幼稚園——。

「あ」

居た。

幼稚園の門扉の向こう、砂場の隅に男児がしゃがみこんでいた。

男の子は顔を伏せたまま、握り拳で何度も何度も砂を殴りつけている。

そのたびに、さくっ、さくっ、と軽やかな音がこだました。

「ぼく、どうしたの」

尋常ではない様子に思わず声をかける。母の本能だった。けれども子供は答えずに、あいかわらず砂を殴打し続けている。

「ねえ、ぼくってば」

言いながら一歩踏みだした足が、あるものに気づいて──止まった。

かたく閉じられた幼稚園の門扉に、一枚の紙が貼られている。

《休園のお知らせ》

そうか。ここはいま休園中なのだ。

だとしたら、あの子は──だれだ。

改めて男児を見つめる。

眩しいほどの陽光が降りそそぐなか、男の子の周囲だけが、どろり、と翳(かげ)っていた。

息を呑む。同時に、砂の音が止んだ。

「なんで」

男児が呟く。金属をぶつけたように耳障り(みみざわ)な声だった。

「だれもいないの」

そう聞こえたような気がするものの、確証は持てない——と、Uさんは言う。男児がゆっくりと顔をあげた直後、無意識に走りだしていたからだ。

「絶対に見ちゃいけないと直感したんです」

我に返ったときには、スーパーの即席麺売り場でカップラーメンを手に取っていた。あまりに強く握りしめた所為かビニールの包装が裂け、容器もひしゃげていた。

むろん、帰りの道は大通りを選んだ。その日以来、彼女は郊外の大型スーパーを利用している。

「ずっとあそこに居たのに、園児にまぎれて気づかなかったんですかね」

くだんの幼稚園は、この取材から数日後に再開する予定だそうだ。

Jさんの場合は、商店街だった。

平日の午後六時半。いつもは買い物客でごったがえす時間帯にもかかわらず、百メートルほど続くアーケードに通行人はおらず、商店も軒並みシャッターを下ろしている。

通路を染める夕暮れの色もあいまって、ひどく心細い気持ちになった。

「これ……いつまで続くのかな」

マスク越しにため息をついた直後——十数メートル前方の人影が視界に入った。

探し物でもしているのか、人影はアーケードの入り口付近を行きつ戻りつしている。

夕陽を背負っている所為でシルエットしか判別できないが、肩口にかかる長い髪や、膝下まで伸びたスカート、手にした麻の買い物かごを見るかぎり、かなたの影は長身の女性らしいと知れた。

彼女も、私とおなじく閑散とした街に戸惑っているのだろう。自分に言い聞かせてはみたものの、どうしたわけか胸の違和感が拭えない。

なにかがおかしい。でも、なにが。

わだかまりを解明したい誘惑に抗えぬまま前進していく。一メートル、二メートル。

違和感の正体を悟ったのは、十メートルほど進んだあたりだった。

「あ、遠近感かッ」

思わず独りごちた。

この距離であれば、女の身長は三メートルをゆうに越えていなければおかしい。

だが、そんな人間など――いない。

「変なのは、身長だけじゃなかったんです。全身が異様だったんです」

女の顔は極端に面長で、さながら馬かアーモンドのようだった。上着は逆光でも容易にわかるほど激しく破れており、スカートらしき腰布からは無数の糸屑がぞろぞろと溢れている。手にした買い物かごは把手(とって)がちぎれ、左右にぶらぶらと揺れていた。

〈なにか〉が人間を下手くそに真似ている――そんな印象の容姿であったそうだ。

Jさんが呆然とするなか、女は竹馬に乗ったような動きで踵をかえし、そのまま国道方面へ消えていった。一分ほど迷ってから追いかけたものの、国道にそれらしき人影は見あたらなかったという。

「直線のだだっ広い道路なんで、隠れる場所はないはずなんですけどね」

その日を最後に商店街へ足を向けていないので、あの女が何者であったかも、いまもあそこを闊歩しているのかも、なにひとつわからないのだ――と彼女は言った。

「人がいなくなった市街地をめざして、山から獣が下りてくる……なんてニュースを、たまに見ますよね。アレも、そういうものかなと思っているんですけど」


R君が昨年交際していた女性は「未来が視える」と公言して憚らない人物だった。

「いや、それが当たるんスよ。来週あの中華屋でボヤ騒ぎがあるとか、友だちの誰々がタレントデビューするとか、どれもこれもビンゴなんス。本人は〝いっぺん見ちゃうと二日酔いっぽくなるし〟と嫌がってましたけど、俺はテンション爆上がりでしたね」

ある休日、ふたりは都内の繁華街へデートに赴いた。と、スクランブル交差点で青信号を待っている最中、R君はふいに彼女の〈能力〉を思いだしたのだという。

「……ねえ、ここって一年後にはどうなってんの」

軽い気持ちでの質問だった。新しいショップが出店していないか、または巨大な垂れ幕に新作映画の予告でも掛かっていないか──知りたかったのは、その程度だった。

すると、彼女は交差点を十秒ほど凝視するや、

「誰もいない。ここ、誰も歩いてないよ」

顔を曇らせ、ぽつりと呟いた。

デートのあいだ、何度も「さっきの未来って、どういう意味なの」と訊ねたものの、彼女は悲しげに笑うばかりでなにも教えてはくれなかった。

「ま、クリスマスの前に別れちゃったんで、結局は聞けずじまいだったんですけど……いまの状況を見ると、的中したみたいッスね」


ここからは余談である。

取材が終わる間際、私はR君から「ひとつ、気がかりがあるんス」と告げられた。

「さっき言ったとおりクリスマス直前でカノジョと別れるコトになったんス。で、最後だしと思って訊いたんスよ。〝来年のいまごろ、なにが起きるか教えてよ〟って。万馬券とか、どの球団が優勝するとか知りたくて。そしたら」

彼女は交差点のときとおなじ表情を浮かべてから、

「まっかっか」

そのひとことだけを零し、去っていったそうである。

もちかえり

「ひと昔前は出前といえば寿司か蕎麦くらいのもんで、洋食はウチだけだったんです。ところが最近はどの店もウーバーなんとかでしょ。一気にライバルが増えちゃった」

ほんと、仁義なき戦いですよと、ピザ屋の店長を勤めるJ氏は嘆いた。

大手をリストラされたのち、デリバリーピザの全国チェーンへと入社。配達や調理で経験を積み、五年前にようやく店をまかされた苦労人である。ところがこれで安泰だと思った矢先に先述のテイクアウト戦争が勃発、悪戦苦闘の経営が続いている。

「加えて最近はクレームも多いし。ちょっとでも気に入らないとネットで拡散されたり本社に電話されちゃうんだもの、難儀な時代ですよ。でも」

どんなお客さんでも、あの人よりはマシですけど――。

彼が「あの人」と称したのは、駅裏の分譲マンションに住む男性客。

注文は月に四、五回。多いときには三日とあけずにオーダーを寄こすこともあった。いわば上のつくお得意さま、厳しい時代にあっては感謝しかない常連である。

「ところが……そのうちアルバイトが〝あそこには配達したくない〟と言いだしてね。怒鳴られでもしたのかと訊ねたら〝そうじゃないんです、実は……〟って」

女が居る、というのだ。

長い髪を垂らしたパジャマ姿の女が、いつも配達先の廊下に立っている。くっきりとした質感があるのでお化けの類ではないと思うが、それでもあきらかに正気ではなく、そのため毎回、身が竦んでしまうのだ――アルバイトはそのように告白した。

「最初は〝デリが面倒で嘘をついてるのかな〟と疑ったんだけども、無理やり行かせて辞めたら求人がまた大変でしょ。で、しぶしぶ自分が行くことにしたんです」

到着したのは、やや古びてはいるがそれなりに立派なマンションだった。

エントランスで部屋番号を確かめインターホンを押す。まもなく「はい、どうぞ」と男の声がして、エレベーターへと続く自動ドアが開いた。指定された階でおり、間接照明の灯る廊下を進む。

と、まもなく男の部屋へ到着するあたりで、J氏は視線の先に人影をみとめた。女だった。

バイトの証言どおり、女は血の気が失せた顔で長い髪を揺らしながら起立している。もともと青色だったとおぼしきパジャマは、すっかりとくすんで鼠(ねずみ)色に濁っていた。一見して「まともではない」と確信したものの、まさか引きかえすわけにもいかない。なるべく女を見ないよう顔を伏せたまま、部屋のチャイムを鳴らした。

ふと見れば、玄関の脇には寿司桶や中華屋の丼が無造作に重ねられている。かなりの頻度で出前を取っているのだな――妙なことに感心した直後、ドアが開いた。

出てきたのは、タンクトップに短パン姿の中年男性である。すこぶる無愛想な男で、J氏の挨拶にも返事ひとつしない。黙ってこちらへ紙幣をわたすとピザを引ったくり、釣り銭を受けとるやリビングへと戻っていった。

重い音を立てて、扉が閉まる。

おそるおそる先ほどの廊下へ視線を移すと、女はすでにいなくなっていた。

「まあ、その日はそれで終わったんですが……しばらく経つと、また男から注文が入るわけですよ。だから仕方なしに行くわけですよ。すると、女がいるわけですよ」

廊下の奥、腰までの長い髪、鼠色のパジャマ。

女は常におなじ位置、変わらぬ服装であった。とはいえ、かならず毎回いるわけでもなかったのだ、とJ氏は言う。

「いま思えば雨の日が多かった気がします。だから、なおさらこっちの気分も沈んじゃってね。しかも、さらに不気味なのは男がちらちらとドアの外を見ているんですよ」

男性は、あきらかに女の存在を認識していた。もしやストーカーの類かと思ったが、マンションはオートロックで許可がなくては入れない。だとすれば女は此処の住人なのだろうけれど、どう見ても常軌を逸しているとしか思えない。

「あまり深入りしたくなかったんで、なるべく考えないようにしていましたね」


湿気が肌にまとわりつく、雨の夕暮れであったという。

その日もJ氏は例のマンションから注文を受けて、ピザの配達に向かっていた。

雨天だというのに、めずらしく女はいなかった。安堵に胸を撫でおろし、チャイムを鳴らす。ドア脇のラーメン鉢や餃子の皿が汁と脂でねっとり汚れていた。

まもなく男が姿を見せ、いつものように仏頂面で千円札を三枚突きだしてくる。

金を受けとるために顔をあげた瞬間、J氏は固まってしまった。

男の背後に、パジャマの女が立っている。

リビングへ続く廊下のまんなかで、背中越しにこちらを覗いている。

「もう、カチンときましてね。ははあ、さてはこの連中、俺をからかっていたんだな。怯える姿をひそかに笑っていたか、あるいはビビッて代金も受け取らず逃げるのを期待していたんだな……そう思ったんですよ」

思わず乱暴に突きだしたピザが男の胸へ軽くあたる。むっとした顔の男性に向かい、怒りのおさまらぬJ氏は威勢よく啖呵(たんか)を切った。

「あなたねえ、今後もこういう真似が続くなら配達を遠慮させてもらいますよ」

「……こういう真似って、なにがだよ」

「なにって、その女性の方がいつも廊下に居るでしょう。おかげでバイトが怖がって、店長の私が出張(でば)らなくちゃいけないんですよッ」

男は憤怒するJ氏をぽかんと眺めていたが、やがて真顔に戻ると、

「まだ駄目か」

つまらなそうな声で大きく息を吐き、肩を落とした。

気づけば、ピザ屋の剣幕に驚いたのか、いつのまにか女の姿は見えなくなっている。

おい、まさか本社に電話でもする気じゃないだろうな——不安に駆られて奥の部屋を覗こうとした彼に向かい、男が再び口を開いた。

「あの女な……俺が越してくる前、この部屋に住んでたんだとよ」

「……はあ」

「でもな、吊っちゃったんだわ」

「つっ……ちゃ、った」

「そう、首を。太い縄にすれば良かったのに凧糸なんか使うから、頭と身体がバイバイしちゃったらしい。おかげで俺は安く借りられたんだが……出ていかねえんだよ」

「でて、いかないん……ですか」

「そう。だから、おたくらの誰かが持ち帰ってくれねえかなあと思って、毎日のように出前を取ってるんだけど……しょうがねえ、もうすこし粘ってみるか」

男は紙幣を彼の手に握らせると、頭を掻きながら廊下の向こうへと消えていった。

J氏はひとり、ぽつんと玄関に残され——さらに憤っていた。

「そんな与太話を信じられるわけないでしょう。おおかた策略があっさりバレたんで、とっさに出まかせを口にしたんだろうと思いましたよ。それで、〝本当にろくでもない客だ〟と腹を立てながら玄関を出てね、ドアを閉めたら」

女が立っていた。

リビングに居たはずのパジャマ女が、廊下の奥で手を振っていた。

「もうダッシュですよ。ポケットに入れていたお釣り用の小銭をばらまきながら、エレベーターまで逃げました。それ以来あそこには近づいていません。あの男性から注文が入るたび〝すごい時間かかりますよ〟と言って、断ってくれるよう誘導しています」

いまでも雨の日になると、J氏はあの日のことを思いだす。

不思議と脳裏に浮かぶのは常連客の男でも廊下の女でもなく、玄関に積みあがった食器の山なのだという。

「あの人、まだほうぼうから出前を取っているんですかね。そろそろ」

誰か、持ち帰ってくれましたかね。

傾向

「増えはじめたのは……たしか、五年前くらいかなあ」

頭のなかで回顧しているのだろう、某神社で禰宜を務めるA氏は虚空を睨みながら、左手の指を折って数を勘定した。

もう片方の手には藁人形が握られている。

今朝、境内にある杉の古木から引き抜いてきたものだという。

「最近は特に顕著でね。五体見つければ、そのうち三体が〈こんな感じ〉なんだよ」

A氏はそう言いながら、私の鼻先へと藁人形を突きつけた。

顔面を五寸釘が貫通し、重さに負けた頭がくたりくたりと揺れている。煙草でも押しつけたのか、藁の顔は薄黒く焦げていた。

「なかには顔写真を貼りつけてるのもあるよ。なんでかは知らないけど、そういうのを焚きあげると硫黄(いおう)みたいな悪臭がするんだよね。あれは本当に不思議だわ」

しげしげと藁人形を眺めている彼へ、私はおそるおそる訊ねた。

「つまり……わざわざ顔を狙って呪う人が増えてるんですか。それは、どうして」

と——こちらの質問を想定していたかのようにA氏が着物の袂(たもと)から紙片を取りだし、私へと手わたした。

男性の顔写真である。

うねる金髪をなびかせ、カメラに向かって白い歯を見せている。

「この人って……つまり」

戸惑う私に、彼はあっさり「ホストでしょ」と告げた。

「なんか〝スゴいご利益があった〟と一部で評判になったみたい。遊ばれたお姉ちゃんなのか同業者なのか知らないけど、夜中に侵入されると本当に困るんだよなあ」

せめて、おみくじのひとつでも引いてから帰ってほしいよ——。

至極まっとうな不満を口にして、A氏がため息を漏らす。

〈スゴいご利益〉の中身については、あまりに陰惨なので伏せておきたいと思う。

天然

「わあ、今日も良い香りがしますねえ」

勤め先に着くなり、B子さんは後輩の女子社員から笑顔で話しかけられた。

言葉の意味は理解できないものの彼女はそれほど驚かなかった。後輩は突拍子もない発言をする人物、いわゆる〈天然〉として知られていたからだ。

社食のテレビに上野動物園のパンダが映ったときは「おもしろい柄の動物ですね」と言いはなって周囲を唖然とさせ、またあるときは取引先への道中で消防車を見かけるなり「あの赤い車、カッコイイですよね」と感動し、課長を驚愕させた。

「どうやら、名前や単語に執着がないというか、すぐに忘れちゃうらしいんですよね。最初は〝わざと演じているんじゃないの〟と思ったくらいです」

そのような人物であるから、先の発言もまともに取りあうつもりはなかった。

とはいえ「良い香り」のひとことは、いささか気にかかる。

B子さんは昔から嗅覚が鋭敏で、そのため香水の類は大の苦手としていた。化粧品も努めてにおいのないものを選び、柔軟剤やシャンプーは無香料の商品を長らく愛用している。それだけに、後輩がなにを嗅いだものか不思議だったが、なにせ相手は〈天然〉である。考えても詮ないと思い「そうかな」と、軽く受けながすに留めた。

「しかも、その日は早朝に〝母方の祖父が危篤になった〟との報せがあって、ちょっとバタバタしていたんです。なので、彼女の発言もすぐに忘れちゃって」

思いだしたのは――それからおよそ半年後。

「先輩、今日も良い香りですねえ」

屈託なく笑いかけてくる後輩を見て、ふいに以前の記憶がよみがえった。

「……ねえ、どんな感じのにおいなの」

B子さんの問いに、後輩が唇をすぼませて考えこむ。

「ええと、夏をイメージした感じの香りですね。日曜の夕方っぽい香りです」

かえってきたのはソムリエまがいの抽象的すぎる答えで、やはりなにもわからない。

結局、そのときも追求をあきらめた。

「決定打となったのは三度目でした。出社するなり〝わあ、良い香り〟と抱きつかれて面食らっていたところに、携帯電話が鳴ったんです」

かけてきたのは実家の母。

「従兄(いとこ)が海へ遊びに行ったきり、行方がわからない」という報せだった。

震える手で電話を切るなり――前回の「良い香り」が何日であったかを考える。

あれはたしか、先々月の二十五日ではなかったか。

間違いない。昼休みにかつてのクラスメイトから「高校時代の恩師が急逝(きゅうせい)した」とメールをもらい、慌てて銀行に駆けこみ香典を引き出したのだ。給料日で助かったと安堵したのを憶えている。

つまり、この子が嗅いでいるのは――。

「ちょっと、ちょっと待ってて」

会社を飛びだし、隣のビルに入っているコンビニでばたばたと買い物を済ます。

オフィスに戻るなり後輩を喫煙所まで連れだして、買ってきたものに火をつけた。

「あのさ、良い香りって……これじゃないの……」

たなびく煙を嗅ぐなり、後輩が「あっ、これこれ。夏のおばあちゃん家の香りです。日曜のテレビの香りですよ」と満面の笑みを浮かべた。

「そのとき、気づいたんです。彼女は〈お盆の思い出〉と〈日曜の大喜利番組で流れるコマーシャル〉を紐付けしていたんだって。つまり、あの子が言いたかったの〈お線香なんですよ。

二年後に彼女が退職するまで、後輩は三度「良い香りしますね」と屈託なく告げた。その都度B子さんのもとには元同僚、中学校の親友、そして実母の訃報が届いている。

奇宅

多くの人々が家に篭(こも)った結果、自宅にまつわる怪談があまた届くようになった——とあれば〈お化け屋〉としては万々歳なのだけれど、そう簡単にはいかないのが世の常である。あくまで私の体感にすぎないが、むしろ住宅怪談は「出控えている」感触が強い。

とはいっても〈人ならざるモノ〉が昨今の情勢を鑑みて自粛するはずなどないから、これは体験する側の問題とおぼしい。帰宅した深夜の我が家にただよう怪しげな空気。日中は無人だったはずの部屋に満ちている何者かの気配——そのような異変に反応するアンテナが、二十四時間の在宅で鈍麻(どんま)しているのかもしれない。あるいは多少の不穏な出来事では動じないほどに、生活そのものが非日常と化しているのだろうか。

もっとも「その手の話がまるで無いのか」と問われれば、答えは否である。むしろ、たえず自宅にいたために見聞きしてしまうケースも散見されるようだ。

そのような話は、なべて恐ろしい。

なにせ——舞台は家なのだ。逃げる場所など何処にもないのだ。

そんな〈非常事態の異常事態〉を、いくつか集めてみた。


在宅勤務を命じられ、Aさんがアパートで仕事をするようになって一ヶ月。

「軟禁生活は退屈ですか」

そう訊ねる私に、彼は「むしろ新鮮ですね」と首を振った。

「これまで不在だった時間帯に、近所でなにが起こっているか気づけましたから」

たとえば、真上の住人は朝八時半きっかりに洗濯機をまわすこと。

宅配便のトラックが午前十時ちょうどにアパート前へ停まること。

昼を過ぎたころ、あまり上手ではないバイエルが町内から聞こえてくること。

午後一時になると、向かいの住宅へ訪問介護の女性がやってくること。

そして四時過ぎ。

自室の廊下を知らないおばあさんが横断していくこと。

「……いまは遭遇を避けて、三時半になったら散歩へ出かけています」

ほんと、気づかなきゃよかったですよ。

そう漏らすと、Aさんはパソコンの画面越しに力なく微笑んだ。

彼の背後には薄暗い廊下。

ピントのあわない影が、ぐらぐらぐらぐらと動いている。


「地味な体験ですけど、大丈夫ですか」

ノートパソコン越しにそう告げたのは知人のライター、Hちゃんである。

この春以降、彼女は取材に赴く機会が激減している。時節を鑑(かんが)みれば致し方ないが、さりとて記事は書かねばならない。そんなわけで、Hちゃんもオンラインを活用しての取材を試みたのだという。

「でも、問題がありまして。私の住むワンルーム……いわゆる〈汚部屋(おべや)〉なんです」

独り身の気楽さに加えて生来のずぼらな性格が災いし、部屋は散らかり放題だった。

平積みの本は雪崩(なだれ)を起こしたまま放置され、衣類や下着はそこらに脱ぎっぱなし。テーブルではチューハイの空き缶とコンビニ弁当の容器が見事なピラミッドを作っていた。現状のままでオンライン取材など敢行しようものなら、相手からどのように思われるかわかったものではない。下手をすれば取材そのものが頓挫しかねない。

「背景を画像に差し替える方法も考えたんですけど、まんがいち部屋が映っちゃったらそこで人生が終了でしょ。とはいえ、人間って発奮材料がないと動けないんですよね」

悩みに悩んだすえ、彼女は「出費」でおのれを鼓舞する方法を選んだ。ネット通販で自走式の掃除機を購入したのである。

自走式掃除機は、床に障害物を置かないことが前提になっている。つまり「掃除機をかけるために部屋を片づける」という、本末転倒な荒療治を選択したわけだ。

「高い買い物でしたからね、さすがに気合が入りましたよ。おかげで一週間を費やして、チリひとつない状態に清掃しました」

ならば現在はクリーンな部屋で仕事に勤しんでいるのか——私の問いに、Hちゃんは困ったような表情で首を振った。たしかに、いま彼女の背後に見えるのはオフィスともカフェともつかない広々とした空間で、どう見ても自室とは思えない。

「実は……片づけが終わった翌日に、さっそく掃除機を稼働させてみたんですよ。あの機械って本当に賢くて、ソファーやテーブルの脚を感知すると自動で避けるんです」

新たにペットを飼ったような心持ちのHちゃんであったが、そのうち――妙なことに気がついた。

おなじ場所で、掃除機が勝手に止まり、進路を変えるのである。

もちろん邪魔になるようなものなど置いていない。何度試しても、愛機はその位置に来るなり進行方向を変更してしまう。

どういうことだろう。床に問題がないのだとすれば、壁とか――あるいは天井とか。

なにげなく上を見あげたと同時に「へ」と素っ頓狂な声が漏れた。

電灯の傘から三十センチほど離れた天井の一角。掃除機が止まる、ちょうど真上。

そこに子供のものらしき手形がひとつ、べたんと残っていた。

大人が腕を伸ばしても届かないほどの距離に、なぜ幼子の手形があるのか。そもそもいつからあったのか。そして、なぜ自分は長らく気づかなかったのか。

「いろいろ考えはじめたら……ちょっと無理でしたね。だからいまは、ふた駅先のコワーキングスペースで仕事をしています。本当に、出費続きで最悪ですよ」

飲み放題だというコーヒーを啜りながら、Hちゃんは「最悪です」と繰りかえした。

騒動が終わったら馬車馬のように働き、引っ越すのが目標だそうだ。

B氏もまた、今春から在宅になったひとりである。居間のテーブルが臨時オフィスとなり、勤務後の楽しみは横丁の一杯飲み屋から自作おつまみでの晩酌に変わった。

劇的な変化だが、B氏自身は「怪我の功名でしたよ」と内心を吐露している。

「ウチの会社は古いビルの一角にあったんですけど、なんだか暗い雰囲気の建物でね。女子社員のなかには〝変なモノを見た〟と怖がる子も多かったので、一時的にでもあの場所から逃げられたのは、ホントに不幸中の幸いだったんです」

もとより仕事は事務処理が中心であったから、在宅でも業務にさして不都合はない。いちばん変化が大きかったのは会議で、ウェブカメラを用いてオンライン上でおこなわれるのが常になった。一見便利に思えるが、彼によれば「苦労の連続」だったらしい。

「最初のオンライン会議は接続が上手くいかずに中断。二度目も課長が手間どって結局なし崩しに終わったんです。オフィスだったら、こちらがパソコンを弄(いじく)ってあげれば解決するんですけど、そういうわけにもいきませんからね」

ようやっと全員が集合できたのは、三度目のこと。分割された画面に映る社員たちが久々の邂逅（かいこう）を喜ぶ姿は、どこか感動的ですらあったそうだ。

ところがそのうち、課長の画面がおかしな具合になってきた。

横長の物体が、ちらちらとレンズの前を動くのである。

黒い糸でも挟まったように見えるものの、当の課長は「え、そんなものないよ」と、にべもない。みなが首を傾げているうち、その日の会議は時間切れで終了した。

「僕自身は気になっていたんですけど、課長やほかの社員は会議の成功に大はしゃぎで、まったく無頓着な様子だったんです。ところが」

翌日、今度は別な社員の画面に〈黒糸〉が出現する。

当事者である社員からは「レンズに異常はありません」との返事。納得できないB氏であったが、なにせ会議中である。正体不明の物体を調べて、限られた会議の時間を消費するわけにもいかない。結局、課長の「まあ、別に良いんじゃない」のひとことが決定打となって、それ以上の追求は諦めざるを得なかった。

「結果的には全然良くなかったんですけどね」

以降も黒い物体は会議のたび、社員たちの画面へ姿を見せた。「ソフトの問題か」と思いネットで検索してみたものの、似たような事例は見あたらない。当初は気を揉んでいたB氏も、そのうちすっかり慣れてしまったのだという。

「正直、それどころじゃなかったんです。なにせ、会社自体がこの先どうなるのかって状態ですからね。黒い糸なんて気にかける余裕はありませんでした」

事態が急変したのは五月のはじめ――およそ一ヶ月ぶりの出勤日だった。

「私は時差出勤で、十時すぎにオフィスへ顔を出したんですけれど……いざ到着してみると、様子がおかしいんですよ」

定時の十時に到着した女子社員がデスクから距離を置き、青ざめた顔で立ち尽くしている。ほかの社員もおなじく起立したままで、誰ひとり椅子に座っていない。

「……どうしたの」

訝しむB氏を無言で見つめると、女子社員が涙目で自分の机を指さした。

「うわ」

机の脇に置かれた文房具立て。

そこに挿さっているボールペンやクリップに、無数の黒い髪の毛が絡まっていた。

「なに、これ」

呆然としているB氏のスーツを、別な女子社員が「こっちもなんです」と引っ張る。

彼女の机では、書類用のバインダーに栞よろしく数十本の髪の毛が挟みこまれていた。おののきながら、すべての机を確認する。ガムのボトル、メモリースティック、携帯電話の充電ケーブル――あらゆる社員の持ち物に長髪が混入していた。

「とりわけ課長は悲惨でしたね。抽斗に入れていた歯ブラシが髪まみれで」

いったい誰のしわざか――みなが騒然とするなか、ひとりが「あっ」と叫んだ。

「Bさんが言ってた黒い糸って、これじゃないんですか」

息を呑んだ直後、最初に異変を知らせた女子社員が「あの」と口を開いた。

「わたし、前に〝会社で変なモノを見た〟って話しましたよね。もしかしたら……誰もオフィスに来ないんで〈アレ〉が探しまわったんじゃないですか」

返事をする者はいなかった。

誰も答えなど持っていなかったし、言及すること自体が禍々しく思えた。

「翌日、課長が知りあいの神主にお祓いを頼んだそうですが、〝外出自粛が叫ばれている最中なので出張はできない〟と断られたらしいです。まあ、そんなわけで」

いまもオンライン会議では、ときどき黒いものが画面に映るのだという。

「ま、出現の頻度は徐々に減っているので、このまま消えてほしいと願ってい……」
B氏が力なく笑った直後、唐突に画面がフリーズし、まもなく暗転してしまった。
再び接続しようか悩んだものの、結局私はそのまま連絡を取らなかった。
もし再接続して〈黒い糸〉を見てしまったら、我が家にも「来る」のではないか——
そんな考えが頭をよぎり、尻ごみしてしまったのである。
だから、B氏とその会社がいまどうなっているのかは、わからない。

二時

本書の執筆も佳境に入っていた六月後半、担当のN女史からメールが届いた。

〈原稿、まだ余裕がありますか〉

その題名だけで催促だと早合点し、条件反射で詫びのメールを入れたところ、すぐに電話がかかってきて「違うんです違うんです」と逆に謝られてしまった。

「急かしたわけではないんです。昨夜、すこし変わった体験をしたもので、良かったら文章化できないかと思って……」

私へ連絡をよこす前日、彼女は編集部近くにある馴染みの洋風食堂で、昼食を兼ねたディナーを食べていた。

と、食べ終わった直後、シェフが見計らったように近づいてきて、

「Nさんって……たしか怖い本を書いてるんですよね」

なにか言いたげな顔で、こちらを見つめている。

「いいえ、書くのは作家さんで私は編集者です。もっとも、怖い体験をした知人を紹介することはありますけどね」

その言葉を聞くなり、シェフがさっと顔色を変えるや「実は……」と口を開いた。

「つい昨日の話なんですけども」

自宅で床に就いていた彼は、突然の大きな音で目を覚ましたのだという。

がんっ、がらあんっ——。

台所のあたりから轟音(ごうおん)が響き、とっさに身を強張(こわば)らせる。

布団にくるまったまま、音の正体を推測する。

鍋——違う。包丁——仕舞ってある。ならば——まな板。

そうだ、まな板に違いない。吸盤型のフックに引っ掛けていたが、このところ効きが弱くなったように感じていたのだ。

判明した途端に緊張が解け、睡魔が再び襲ってくる。

片づけなくてはいけないが、わざわざ起きるのは面倒くさい。まあ、別に腐るようなものでもないし、明日起きたときにでも――。

「まあくん」

耳のすぐ近くで、声がひとこと聞こえた。

有り得なかった。声がしたことへの感想ではない。

彼をその愛称で呼ぶ人間は、この世にふたりしか居ないのだ。

傍らですやすや眠っている妻と、去年亡くなった叔母。

ふと――シェフになりたてのころに、おなじく料理人だった叔母から言い含められた科白がよみがえる。

「いいかいマーくん。仕事のいちばんの敵は〈隙〉なんだからね。この程度で良いか、このくらいなら充分だろう……そういう些細な隙はね、埃みたいにじわじわ積もって、気づけば手遅れになってしまうんだ。だからね、生活のどんな些細なこともおろそかにしてはいけないよ。それを約束してちょうだいね」

そうだ、約束したんだ――布団から跳ね起き、台所に向かう。

あんのじょう、シンクに落ちていたのはまな板だった。

まな板を拾いあげて食器立てに置き、なにげなく壁の時計へ目を移す。

針は、二時ちょうどを指していた。

「叔母が亡くなった時刻でした」

「……ううん、ちょっとキレイすぎやしませんか」

語り終えたN女史に、私は率直な感想を述べた。

「別に、ジェントル・ゴースト・ストーリーを否定するつもりはありませんけど、僕が好きなタイプの怪談ではないですよ。もっと荒削りだったり、得体が知れなかったり、もしくは人ならざるモノが人間に牙を剥くような話が聞きたいんです」

作家と編集者だからこそ交わせる、遠慮のない意見を口にする。N女史は電話の向こうでしばらく沈黙していたが、やがて「仰るとおりです」と静かに呟いた。

これは、怒っているのだろうか。「せっかく取材してきたというのに一蹴するとは、この恩知らずめ」と憤っているのだろうか。もしや私はこれを契機に葬られてしまうのだろうか。廃刊、絶版、断筆。あまり縁起のよくない単語を連想し、震えあがっていたその最中――おもむろに彼女が、

「私も彼におなじことを言ったんです。そしたら」

こうしてN女史は、続きを語りはじめた。

仕事を終えて帰宅した彼女は、自宅のベッドで眠っていたのだという。

がさり、がさりがさりがさり――。

騒々しい音で覚醒する。音の正体は、すぐに察しがついた。

猫である。

自宅には雑種の猫が二匹、彼女と一緒に暮らしていた。この二匹、やんちゃな盛りの二歳とあって、昼夜を問わず遊びまわる。とりわけ封筒や緩衝材を発見すると目の色を変えて縦横無尽に走りだし、飼い主の安眠を妨げるのが日常茶飯事であった。そのためN女史は、いつもの〈夜遊び〉がはじまったと思ったのである。

開かない目を懸命にしばたたかせて音の出どころを見れば、ロールカーテンの隙間から細い手が伸び、窓際のローボードに置かれたビニール袋をつついている。

「もう、うるさいでしょ。いいかげんにしなさい」

寝床から嗜めてみたものの、がさり、がさりという音はまるで止む気配がない。

しぶしぶ身体を起こし、ビニール袋を引ったくった――その直後。

足下の布団から、音につられて二匹が近づいてきた。

「え」

ロールカーテンは静かに揺れている。先ほど目にした猫の手は、何処にもない。

待てよ。本当に、猫の手だったか。

ぞっとして、とっさに気を紛らわせようと枕元のスマートフォンを掴む。けれども、ロック画面が表示されるなり、N女史は再び鳥肌を立てる羽目になった。

「スマホの時計、二時三分だったんです。つまり、ちょっと前に起きたその出来事は、二時ちょうどくらいってことになりますよね」


さて、すべてを聞き終えた時点でも、私はこの話を採用するかどうか迷っていた。

「草木も眠る丑三つ時(うしみつどき)」とは、怪談の口上でよく聞く科白だが、それにしてもいささか出来過ぎで、偶然として片づけたほうが合理的に思えてならない。たまたま目に留めた時刻を後づけで怖がっている──そんな感覚が、私は拭えなかったのである。

まあ、予備の原稿として書き溜めておくぶんには構わないだろう。

そのような判断に基づき、N女史との電話を終えてからすぐさま執筆に取りかかり、八割がたを書き終えたところで――本棚に挿していた書籍が、まるまる一列落ちた。

一冊二冊ならばともかく、ひとまとめに落下するというのは、あまり聞いたためしがない。床に散らばった本たちを片づけながら、私はおそるおそる時計へ目を遣った。

午前二時一分。

つまり、本が落下したのは、すこしばかり前だから――。

もしかしたら、この話は聞いた者に伝染していくのかもしれない。

そんな仮説を読者諸兄で検証するため、ここに記した次第である。

湯怪

　年が明けてからこのかた、浴室で起こる怪しい出来事の報せが多くなった。とりわけ在宅する人々が増えて以降、風呂場や湯船に絡む話がいちどきに舞いこんでいる。

　いったいなぜなのか——考えてはみたものの、然(さ)したる理由も思い浮かばず「まあ、こういう奇遇もあるのだろう」などと軽く流していたのだが、あるとき知人にその旨を話したところ「いちばん身近な水場ですものね」と、妙な納得をされた。

「そういったモノは水の近くに集まるというでしょう。家にいる時間が多くなったのだから、浴室の〈彼ら〉を見聞きする機会も、相対的に増えたのではないですか」

　その場では「なるほど」と感心したが、あくまで個人の見解ゆえ真偽はわからない。

　いずれにせよ、心身をほぐす癒しの場が〈彼ら〉の集会場になっているのだとすれば、あまり気持ちの良いものではないのだが。

看護師のKさんは、アパートの浴室を使うのが苦手だという。

好ましくないことが起きるからなんです——とは、彼女の弁。

「あ、毎日起きるわけではないんですよ。半月に一度の割合なんですけど」

洗髪の際にシャンプーを流す段、つまりはまもなく目を開けるというタイミングで、

「はい、いいよお」

耳の近くで弱々しい声がする。

声の素性はわからない。

子供の含み笑いのようにも、女の嗚咽のようにも聞こえる。

いいよお、とは「目を開けても大丈夫だ」の意味だろうと理解しているが、さりとてすぐに瞼を開ける気にもなれない。なので彼女は声を耳にした際は駄目押しとばかりに浴槽の湯を桶で掬って、もうひと被りする。すると、それが合図であったかのごとく、浴室から気配が消えるのだという。

「髪を泡立てている最中に目を開けたら……なにが見えるんでしょうね」

大いに興味をそそられるものの、いまのところ実行する気はないそうだ。

「声ならまだマシだよ。〝気の所為かも〟って思えるじゃない」

前述したKさんの体験を私から聞くなり、Y氏は憂鬱そうに嘆息した。熊を彷彿とさせる体躯の三十男、学生時代はラグビーでならした偉丈夫が背を丸めて物憂げに呟くさまは、いささか滑稽にすら見える。

その姿にこちらが苦笑していると、彼はもう一度ため息をこぼした。

「いやいや、いっぺん体験したら誰でもこうなるって」

彼が暮らすのは勤め先が借りあげたアパートである。過去には立派な社員寮も存在したらしいが、現在はもうない。先輩からは「いろいろあってな」とだけ聞いていた。アパートは会社からも近く、八畳ひと間の部屋も独り身が生活するには充分な広さであったから、ただひとつを除いて不満はなかった。

「そう……風呂だよ。毎日湯船に浸からないといけないのが、ちょっとね」

それは「毎日身体を清潔に保て」的な社是の類なのか――私の問いに、彼はかぶりを振って「水を入れておかないと……怒られるんだよ」と答えた。

入社一年目の夏であったという。

「ちょうど残業が増えはじめた時分でね。午前様で帰るもんで、いちいち湯を張るのが億劫だったんだよ。連日熱帯夜だし、シャワーのほうが気持ち良いのもあってさ」

汗をざっと流すだけの日々が続いていた、ある深夜。

耳障りな音で目が覚めた。

ぎ、ぎ、ぎっ、ぎいっ。

湖畔に繋がれたボートが波で軋(きし)むような、あるいは太縄が締めつけられているような音が、部屋を出た先から不定期に響いている。

その方角にあるのは廊下とトイレ。そして洗面台に、浴室。

しばらくは夢うつつで微睡(まどろ)んでいたものの、音が止む気配はない。とうとう堪(たま)らなくなって、彼はベッドから跳ね起きると廊下に向かった。

トイレへ飛びこみ耳を澄ませる。けれども便座やタンクから異音は聞こえなかった。

洗面台の蛇口や配管も確認したが、これといって変化は見られない。

じゃあ、さっきの音はなんだ——首を傾げた直後、
ぎいっ。

洗面台の背後にある浴室から、ひときわ強く「さっきの音」が鳴った。

おそるおそる振りかえる。

浴室の扉はアコーディオン式で、縦長の磨りガラス調のパネルが嵌めこまれているため、内部はおぼろげにしか判別できない。むろん扉を開ければ良いだけの話なのだが、把手(とって)に手を伸ばす勇気はなかった。

仕方なく、その場に立ち尽くしたまま身を強張(こわば)らせていると――。

ぎいっ、ぎいっ。

再び音が聞こえた。

瞬間、「これは指の音だ」と悟る。

浴槽を磨いた際に、水垢の残り具合をたしかめようと指で擦る――あの音だ。

思わず一歩退がったはずみで、床が軋む。その音へ応えるように、パネルの奥で影が動いた。震えつつ目を凝らしてみれば、半円の物体が浴槽のふちで揺れている。

あれは、もしかして頭が覗(のぞ)いているのか。

空っぽの湯船にしゃがみこんで、内壁に指を這わせているのか。

「んんっ」

無意識に喉を鳴らした次の瞬間、正解を讃えるように、ぎぎぎぎぎぎぎぎぎと音が続けざまに聞こえた。

「限界だったね」

Y氏は壁に背中をぴたりとつけて横歩きで玄関へ向かい、靴棚の上に置いた車の鍵を引ったくるや外へ飛びだした。

「午前四時、異例の早朝出勤をしたよ。昼になって寮の噂を教えてくれた先輩に話すと〝あ、水は毎日張らないと駄目だぞ〟と、こともなげに言われてね」

以来、入浴しない日でも湯船に水を溜めるのが日課になったのだという。

「たまに忘れるとやっぱり聞こえるんだよね。一度、出張で三日ほど留守にしたときは横倒しになったボトルから、シャンプー液が浴室の床いっぱいにぶち撒けられてたな」

あれは、踏みつけたんだろうね。

そう言って、Y氏は大きな身体に不相応な弱々しい吐息を漏らした。

彼はいまもおなじ部屋に住んでいる。

世間が自粛一色となっていたある午後、私の電話に見知らぬ番号から着信があった。はて誰だろうと出てみれば電話の主は男性で「二年ほど前、あなたが怪談イベントへ出演した際に名刺を貰ったんです」と快活な声で告げてくる。そのイベントには憶えがあったし、終演後にロビーで数名の観客と立ち話をしたのも事実である。そういえば、そのなかに六十半ばの男性がいたようにも思う。あのときの彼かと膝を打ったものの、残念ながら顔は思いだせなかった。

素直にそのことを詫びると、相手は笑って「それよりも」と謝罪を受け流し、

「実は昨晩、妙なことがありまして」

はきはきとした調子で告白をはじめた。

本人によれば——電話の前夜、男性は二階の書斎で読書に勤しんでいたのだという。読んでいたのは、お気に入り作家の待ちに待った新刊である。夢中でページを捲っていたため、尿意で我に返ったときには〈事態〉が切迫していたのだ——と、彼は笑う。ズボンを押さえながら部屋を飛びだし、おなじ二階にあるトイレへ駆けこむ。しかし、悲劇を回避しようと便座の蓋を開けた瞬間、

「うう」

疑問符とも感嘆符ともつかない言葉が漏れ、驚きのあまり尿意が消えた。

見下ろした視線の先に――顔がある。

目を瞑(つむ)った人間の顔面が、便器の水溜まりに浸かっている。

もっとも、彼が絶句した理由は「便器のなかに顔があったから」だけではなかった。水に沈む顔は、まぎれもなく妻のものだったのである。目鼻立ちも深く刻まれた皺(しわ)も目尻のホクロも、見慣れた伴侶のそれと瓜二つだったのである。

しかし当の本人はいま、一階で入浴しているはずだった。現についさっきまで身体を流す水音が、ぱしゃん、ぱしゃん、と小さく聞こえていた。

どういうことか――混乱のままに後じさってトイレを出ると、彼は一階に向かった。足の震えが止まらず、普段は「まだ老人じゃない」と毛嫌いしていた階段の手摺(てす)りを、おりるあいだ離すことができなかった。

よろめきながら一階へ辿り着き、廊下を這うようにして浴室まで向かう。

行水の音は、すでに止んでいた。

「い、いま便所に、お前の顔……」

浴室のドアを開けた途端、男性は再び声を詰まらせる。

妻が浴槽の底に沈んでいた。

上半身は完全に水没しており、長い髪が水中で海藻のように揺れている。血の気を失った白い爪先だけが、お湯から突きでていた。

「持病のてんかん発作でした。ここしばらく落ち着いていたので、本人も私も油断していたんです。すぐ妻を助けだして救急車を呼びましたが、発見が早かったおかげで幸い命に別状はないそうです。念のため、今日は入院していますけれどね」

それにしても。

あのとき、私に危機を知らせたのは妻自身なんでしょうか。

それとも、別のなにかなんでしょうか。

「……それにしても惜しかったです。失敗しました」

話をひとくさり終えると、男性はことさらに明るい調子でそう言った。

「失敗……とは、どういう意味ですか」

それとはなしに訊ねつつも、私は先ほどからの違和感をいっそう強くさせていた。

先の文章では抑えたトーンで記述したものの、彼は自身の体験を語るあいだ、高揚をまるで隠そうとしていなかった。怪しい体験に興奮しているのかもしれないが、身内に災難が降りかかった事実を考えれば、あまり健全な態度とはいえない。

そんなこちらの思惑など知らず、男性は「失敗ですよ」と繰りかえした。

「だって、便器に浮かぶ顔を撮影しそこねたんですから。いや、なにぶん気が動転していましてね。せっかくお見せできるチャンスだったのに、勿体ない」

「いえいえ、そんなことよりまずは奥さまの……」

「次はかならず撮りますからね、待っててくださいよ。絶対に撮影しますから」

ほがらかな声を黙って聞きながら、私は賢明に彼の顔を思いだしていた。

だが——どれほど記憶の糸をたぐっても、男性がどのような顔であったかは、まるで思いだすことができず、代わりに見たこともない彼の妻が、脳裏に映るばかりだった。

髪を揺らめかせて水底へ沈む女の顔が、なぜか明瞭(はっき)りと瞼の裏に浮かんでいた。

じみてる

一年ほど前、拙著の愛読者だという女性から以下のようなメールを頂戴した。書籍で読みやすいように改行や加筆を施し、さらに個人情報などを修正したうえで、本文をそのままご紹介したい。

ある日の夜遅くでした。次の日がお休みだったわたしは、実話怪談の本を読むことにしたんです。楽しみにしていた「■■■■■■」という一冊です（先生の本ではありません、ゴメンナサイ！）最近は電子書籍の読み放題サービスがあって、便利なのでよく利用していたんです。

布団にもぐって専用のタブレットで読んでいたんですが、ある話の途中でいきなり、画面が真っ黒になったんです。「ありゃ、電源が切れたのかな」と思ったんですけど、前日にフル充電していたし、タブレットも新品で買って半年ほどしか経っていないので、壊れたとは考えられなくて……。

本の中身が中身だけにけっこう怖かったんですけど、話の続きも気になっちゃって。わたし、本でもDVDでもそうなんですけど、自分が望まないタイミングで中断されるのがすごく嫌なんですよね。そこでわたしは、主人のノートパソコンを借りることにしました。最近はタブレット以外でも電子書籍が読めて、しかもアカウントを登録しておけばタブレットと同期するので、最後に読んでいたページから読めるんです。

ところが、パソコンで専用アプリを立ちあげて、さっきの本を表示させたら、今度はページが切れてるんですよ。紙の本でいうと見開きにしたいちばん左端、つまり最後の行が半分ほどウインドウからはみだして、ちゃんと読めないんです。

〈■■じみてる〉

はみだした行には、そんな単語が書かれていました。最初の二文字は液晶部分が滲んだみたいになっていて、まともに読めません。

〈じみてる〉ってなんだ。〈子供じみてる〉とか〈所帯じみてる〉とかそういう感じの単語かな。なんにせよ、直前の文章とはあまり脈絡が感じられないな……なんて考えながら謎の文字と睨めっこをしていたら、今度はパソコンが不調になっちゃって。

主人のノーパソ、待機中になると虹色の丸いカーソルがぐるぐると回るんですけど、それが延々と続くんです。トラックパッドもキーボードも全然反応しないし。

「え、なんなの」とビクビクしながら、わたしは無理やりパソコンを再起動させたんです。すると、先ほどまで読んでいた本が冒頭のページまで戻っちゃってるんですよ。普通はさっき書いたとおり、最後に読んだページが開くはずなのに。

でもまさか、最初から読みなおすってわけにもいかないですよね。だから、わたしは「このへんだっけ」とアタリをつけて最後のページにたどりついたんです。

すると、ないんです。

さっきの〈じみてる〉が、何処にもなかったんです。

「ええ、なんでよ」って思わず小声で言っちゃいました。

そしたら……するっ、て。

指が後頭部を撫でたんです。もちろん後ろには誰もいません。主人はとっくに自分の布団でイビキをかいていましたし。わたし、もうゾクゾクッとしちゃって。

でも、寒気がしたのは頭を撫でられたからじゃないんです（説明がヘタクソでゴメンナサイ！）。その瞬間、ハッと気づいちゃったからなんです。

　あの文字は〈うなじみてる〉じゃないのって。

「頸（うなじ）、見てる」の意味じゃないのって。

　さすがに怖くなっちゃって、すぐにパソコンを閉じて布団を頭からかぶりましたよ。幸いなことにそんな現象があったのは、あの一回だけでしたが。

　実はいま、主人のパソコンでこのメールを書いてるんですが、なんとなくあのときとおんなじ空気が背中
（※続く文字は化けており判読不可能。画像も添付されていたものの、データが壊れて開けなかった。メールの末尾、延々と改行した先に〈てる〉の二文字だけがある）

みてる

K子さんは数年前、看護師として某地方病院に勤めていた。

受け持っていたのは、内科の入院病棟。彼女によれば「さまざまな医科のなかでも、とりわけ人の死が身近な場所」であったそうだ。

「だからこそ、看護師としては鍛えられるんですよね。ちょっとやそっとの出来事じゃ動じなくなります。まあ……それもレベルによりますけど」

なかには、洒落（しゃれ）にならないような出来事もありますから。

彼女が担当しているフロアの一角に、看護師のあいだでは〈評判〉の病室があった。

「口さがない同僚は〈シニベヤ〉と呼んでいました。四人部屋と死に部屋をかけた語呂合わせです。ひどいネーミングですが……事実、その病室で亡くなる患者さんは多かったんです。それも、さして重篤ではないのに急逝するようなケースばかりで」

問題は、死者数だけではなかった。

〈シニベヤ〉に入った患者から「気味の悪い男が部屋に居る」「けたたましい笑い声がひと晩じゅう聞こえる」などのクレームが頻出していたのである。

死者の多さは医療ミスでもないかぎり「偶然です」のひとことで処理できる。しかしクレームはそういうわけにもいかなかった。対応を誤れば、妙な噂が広まって経営にも影響を及ぼしかねない。

そこで、病院は悩んだすえになんとも乱暴な策を強行したのだという。

「その病室を、高齢者さん専用にしちゃったんです。しかも、自力で動けないどころか、喋ることもままならないような人ばかりをあてがって。そりゃ文句は出ませんよね」

当然ながらクレームは激減、病院側は胸を撫でおろした。

ところが苦情と入れ替わるように、まもなく妙な出来事が起きはじめた。夜勤の看護師から「夜中に巡回した際、〈シニベヤ〉の蛍光灯が点きっぱなしだった」との報告が相次いだのである。

それでも当初はそれほど問題視されず、師長が「消し忘れなどないように」と注意喚起する程度で済んでいた。しかし、あるときひとりが「最初の巡回では消えていたのに、二回目は点いていたんですよね」と、うっかり告白してしまった。

電灯のスイッチは入り口脇の壁に据えられている。つまり、ベッドから起きることもできない〈シニベヤ〉の患者が壁のスイッチを押すなど、とうてい不可能なのである。

箝口令（かんこうれい）が敷かれたものの、人の口に戸は立てられない。たちまちナースステーションでは知らぬ者がいないほどの話題になった。

だが、意外にもK子さん自身はあまり気にしていなかったのだという。

「ちょっと厭だなとは思いましたけど、それでもたかだか電気でしょ。お化けをじかに見るわけじゃなし、そのくらいなら許せるかなと思ったんですよね」

あの日までは。

秋の週末であったという。

「その日、私は夜勤を担当していたんです。それで二時過ぎだったかな。トイレへ用足しに行って、ナースステーションへ戻ろうと廊下を歩いていたんですよ」

ふと、足が止まった。

十数メートル先の廊下。リノリウムの床が、ぼおっ、と鈍く反射している。

光っているのは、まさしく〈シニベヤ〉のあたりだった。

ははあ、これが例の電灯だな。妙な感慨をおぼえながら、くだんの病室へと向かう。

あんのじょう、室内からは蛍光灯の青白い光が廊下まで漏れていた。

患者を起こさぬよう抜き足で病室へ入り、無言で壁へと手を伸ばす。

と、スイッチに手が触れた瞬間——K子さんの口から悲鳴が漏れた。

等間隔に置かれた、四床のベッド。

そこに横たわる老人全員が、目を開けていた。

四人とも顔を天井に向けたまま、眼球だけを動かして〈シニベヤ〉のおなじ一点、カーテン手前の空間を、まるで示しあわせたように凝視していた。

もちろん、そこにはなにもない。誰もいない。

けれども老人たちの目は、確実に〈なにか〉を見つめていた。

そのまなざしは、あきらかに怯えていた。

「あのとき私が感じた恐ろしさ……理解してもらえますかね。自分がお化けを見てしまうより、百倍怖かったですよ」

電気のスイッチを叩きつけるように消して、早足でナースステーションへ戻る。おなじく夜勤に入っていた同僚は、青い顔のK子さんを一瞥しただけで、あとはもうなにも言わなかったという。

「たぶん、彼女も過去に〈見ているところを見た〉んだと思います」

四人の患者は翌日からきっちり一日にひとりずつ、まるで順番を呼ばれたかのように亡くなった。

「……あの病院を辞めてからも、しばらくは夢でうなされましたよ。青白い部屋に四人ぶんの目が浮かんでいるんです。それが、なにもない空間を睨んでいるんです」

あの部屋には、なにが居たんでしょうね。

患者さんたちは、なにを見ていたんでしょうね。

彼女が元の同僚から聞いたところによれば、〈シニベヤ〉はいまもあるという。

みえた

パティシエのC女史は、自身を「感化されやすい人間」と評している。

「感化といっても、別に〈女優さんに影響を受けて洋服の趣味が変わる〉とか〈ネットの情報で変なダイエットをはじめる〉とか、そういう意味ではありませんよ。お寺へ足を運んだり神社を詣(もう)でたりすると、その後しばらく〈見えちゃう〉んです」

最初に自覚したのは、中学の修学旅行だった。

京都の古刹(こさつ)を観光してバスに戻ると〈先客〉が座っていたのである。

「たぶん古い時代の人だと思うんですけど、頭の上半分が欠けているんです。ふたつに割った肉まんみたいに中身がぼろぼろ見えたまま、担任の隣の空席に腰かけていて」

彼女はその場で卒倒、おかげで翌日以降は宿でひとり休む羽目になった。

「まあ、その一回だけなら疑う余地もあったんですが」

高校時代、ソフトボール部の合宿へ参加したときは、神社の長い石段を往復している最中に〈むしったシフォンケーキのように身体がぼろぼろの赤ん坊〉を目撃。調理専門学校にかよっていた際は、ボーイフレンドと有名な大社へ初詣に出かけ、帰り道で〈汁を吸ったかき揚げそっくりな顔面の女性〉に追いかけられている。

「何度かそんな目に遭って、そのうち〈法則〉に気づいたんですよね」

目撃するのは、かならず寺社の類に赴いたあと。

しかも、出てくるモノは十中八九まともな姿をしていない。

ただし、効果はせいぜいその日から翌日まで。三日も経つと普通に戻っている。

「不思議なことに、実家近くの氏神(うじがみ)さんや檀家(だんか)のお寺は問題ないんです。たぶん、そのあたりが関係しているとは思うんですけど……詮索してもわかりっこないですから」

とりわけ強烈なエピソードはなんですか——と訊ねる私に、彼女は二年前の出来事を教えてくれた。

洋菓子のコンクールに参加するため、西日本のある街を訪れていたのだという。

翌日からの予選会にそなえ、早めにホテルへ入る。部屋に着いてなにげなく窓の下へ視線を遣ると、広い境内のまんなかに建つ立派な瓦屋根が見えた。

「観光ガイドにかならず掲載されている人気のお社が、ホテルのすぐ隣だったんです。すこし迷ったんですけど〝やっぱ必勝祈願くらいしておこうかな〟と思って」

西日が照るなか、賽銭用の小銭だけをポケットに入れて神社へ向かう。境内に一歩足を踏み入れた途端、ひんやりとした独特の空気が頬を撫でた。

「すぐに〈その手の場所〉だと気づきました。マズいなとは思いましたが、だからっていまさら引きかえすわけにもいかないでしょ」

足早に社殿へと進み、賽銭を投げこんで柏手を打つ。二礼、二拍手、一礼。願い事を唱えつつも「なにかが隣や背後にいたらどうしよう」と、気が気ではなかった。

祈願を終え、おそるおそる目を開けて確認する――あたりは、先ほどと変わらない静けさに包まれていた。不穏な人影も、不気味な気配も感じられない。

一気に身体の力が脱け、ため息を吐く。

「で、〝やっぱり有名どころは違うもんだなあ〟と感心しながらホテルに戻って」

部屋のドアを開けると〈目鼻の煮崩れたおじいさん〉が目の前に立っていた。

ビーフシチューを思わせる様相の老人は、肉片が絡まる白髪を揺らして笑いながら、ものの二秒ほどで居なくなったという。

「あの不意打ちはさすがに卑怯ですよ。責任を押しつけるわけじゃないけど、おかげでこっちはコンクール予選落ちですからね」

以来、他県へ行く前は宿泊先の周辺をチェックする癖がついてしまったそうだ——と、そんな話を聞いたのが一年半ほど前になる。


今年の五月はじめ、C女史から突然電話があった。

「あの、いますぐテレビを点けてもらえますか」

挨拶もそこそこに彼女が急かす。狼狽(ろうばい)しつつ、言われるがままテレビの電源を入れ、指定されたチャンネルへと切り替えた。

画面の向こうでは、男性アナウンサーがパネルを前に軽妙なお喋りを展開している。流行(はや)りの番組に疎(うと)い私ですら名前を知っている、すこぶる人気のワイドショーだった。

「これが……どうしたんですか」

訊ねた私にC女史が「ちょっと待ってくださいね、たぶん、そろそろカメラが切り替わるので」と告げる。まもなく彼女の言葉どおり司会のアナウンサーが話題をふると、長机に横ならびで座るコメンテーターが映しだされた。

「何人に見えますか」

数えるまでもなかった。画面の左端にはタレントの男性、対する右端には評論家だか元官僚だかの肩書を持つ女性が座している。彼と彼女のあいだには、ちょうど人ひとり入れるくらいの空間がぽかんと空いていた。構図としてはいささか間抜けだが、昨今の事情に鑑み「ソーシャル・ディスタンス」とやらを保った結果なのだろう。

「ふたり、ですけど……Cさんには何人に見えているんですか」

「三人ですね」

即答だった。

「コメンテーターのあいだに〈焦げた鍋底みたいな頭の青年〉が立っています」

すぐさま鼻がつかんばかりの距離までテレビに近づき、舐めるように画面を観察する。けれども、残念ながら私には鍋底どころか人の輪郭さえ視認できなかった。

「今日で五日連続かな。このスタジオにずっと居るみたいなので、スタッフや出演者に関係する人なのかもしれませんね。あのどす黒い顔は良いモノじゃないですけど」

ワイドショーを注視しつつ、C女史の解説に聞きいる。と、ふいに彼女の〈法則〉を思いだして、私はおずおずと問うた。

「五日連続ってことは……お寺か神社にずっと通っているんですか」

「ええ、先月から勤め先のケーキ屋が休業中なので、最近は運動不足解消に近所を散歩しているんです。ところが、そのルート上にお薬師さまがあるんですよ」

おかげで、春先から頻繁に見ています。

いま、増えてますよ。気をつけて。

あまり嬉しくないひとことで解説を終えて、彼女は電話を切った。


この原稿を書くにあたり、私はC女史宛てに「まだ〈彼〉はあの番組にいますか」とメールを送っている。彼女からは、翌々日に返信が届いた。

「二十日連続で出演中」とのことである。

興味をお持ちの方は、ぜひ午後のチャンネルをザッピングしてみていただきたい。

みえない

デビュー前から親交のある小説仲間、W氏が体験した話である。

二年前、彼は同僚に無理やり誘われる形で「相席居酒屋」へと足を運んだ。

「三十過ぎで独り身なのをやたら心配されちゃって。まあ、実際は僕をダシにして女の子と飲みたかっただけみたいですけど」

相席居酒屋は読んで字のごとく、見知らぬ男女が相席で語らう形式の居酒屋である。外観やメニューこそ普通の店とおなじだが、W氏いわく「料金システムが独特」なのだという。男性客は時間制で料金を支払ういっぽう女性客は無料。それによって女性陣はリーズナブルに飲み食いすることができ、男性陣は新たな出会いを楽しめる。ひところ流行った言葉であらわすなら「ウィン＝ウィン」の関係が構築できるというわけだ。

「合コンよりも敷居が低くて、出会い系よりは健康的。そんな印象でしたね」

受付を済ませて店内へ入ると、まもなくテーブルにふたり連れの女性がやってきた。やけに陽気な店員のかけ声で全員が乾杯し、自己紹介を促す。相手ふたりは高校の同級生だと申告し、巻き髪の女性はアユ、ショートカットの子がキミカと名乗った。

同僚はアユがストライクだったようで、しきりに車や音楽の話題を振っている。その積極的な様子に気圧されていると、キミカが「なんか、スゴいですね」と微笑んだ。

「わたし、こういうノリがあまり得意じゃなくて。ごめんなさい」

頭を下げて謝るキミカを慌てて制し、自分も不得手である旨を告白した。

「家でも本ばっかり読んでるもん。しかも海外もののミステリ。暗いでしょ」

無反応を覚悟して告げた途端、いきなりキミカが顔をあげた。

「え、待って待って。海外ってどのへんですか。ゴードン？　ディーヴァー？」

「あ、ちょうどいま『石の猿』を読みなおしてるけど」

「うわ、ライムシリーズ最高ですよね！」

意外な接点に、W氏とキミカは大いに盛り上がった。

「もはやマニアの集い状態でした。おかげで同僚とアユは置いてけぼり、しまいには〝どうせだからオタク同士で語り倒してきたら良いじゃん〟とか嫌味を言われる始末で」

まんざらでもない提案だった。

幸か不幸か、まもなく制限時間が終了しようとしていた。

W氏は、勇気を振り絞り「二軒目へ行きませんか」と持ちかける。

キミカは指で輪を作り、あっさりとオッケーした。

「今夜はこの街で大事件が起きる……そう確信しました」


キミカが案内したのは、居酒屋から徒歩五分ほどの距離にあるビルの二階だった。

「一瞬〝美人局(つつもたせ)にぼったくられるか〟と緊張したんですが、ごく普通の静かなバーで。ああ、本当に普通の子なんだなと安心しました」

お薦めのカクテルを手にミステリ談義の続きを楽しむ。もっとも、頭のなかでは「さあ、この後はどうしよう」と皮算用をはじく音が鳴り続けていた。

やがて――三杯目のマティーニを飲み干した直後、

「……わたし、タイミングが悪い人生なんですよねえ」

すっかり酔いのまわった口調で彼女が漏らす。

これは今夜の誘いなのか。それとも、プロポーズしろと暗に促しているのか。最善の

返事を必死で考えていると、キミカがグラスに残るオリーブを指で弄りながら、

「視えそうで視えないんですよ」

そう呟いてから、一方的に語りはじめた。

一年前、彼女は友人の結婚式へ参加するため関西のホテルに泊まったのだという。

「自動ドアを開けた瞬間から空気が湿ってるんです。ロビーは照明がたくさんあるのになんだか暗いし、フロントはうっすら靄(もや)っぽいしで〝あ、これはヤバい〟と思って。ホラ、そういう宿ってあるじゃないですか」

話の意味するところがわからぬまま、W氏は適当に相槌を打った。

「それで、キーを貰って部屋に行ったんですけど、ドアを開けて室内へ入った途端」

ぱたん——。

短い音を立てて、目の前でクローゼットが閉まった。

まるで、誰かがそっと隠れたような動きだった。

「おっかなびっくり開けたけれども、なかにはハンガーと消臭剤のスプレーが吊るされてるだけで。まあ、それ一回だったら〝偶然かもな〟と思えるじゃないですか。けれども、ほかにもおなじような出来事があって」

ホテルの一件から遡ることー年ほど前、彼女は転職にともなう引っ越し先を探して、週末ごとにアパートやマンションを訪ねまわっていた。

駅までの距離。防犯セキュリティ。そしてなによりも、本がたっぷりと収納できる間取りの広さ。みっつの条件をクリアする部屋には、なかなか巡りあえなかった。

「それで、七件目くらいだったかな。郊外にあるメゾネットタイプの部屋を不動産屋さんが案内してくれたんです。ほら、玄関から階段をのぼって二階で暮らすアレです」

駐車場に到着して建物を目にした瞬間、ぞくりと鳥肌が立つ。

外壁はパステルグリーンのカントリー調で、やや少女趣味ながらも爽やかな雰囲気を醸しだしていた。それなのに、まるで曇天の真下にいるのかと思うほど、建物全体が黒く陰っている。

「や、これはナシでしょと思ったんですけど、秒で帰るのも不動産屋さんに悪くて」

営業スマイルを崩さぬ不動産屋に先導され、やけに可愛らしい玄関のドアを開ける。おそるおそる足を踏み入れ、二階へ続く階段に視線を移すと——足があった。

まさにいま、階段をのぼりきろうとしている踵が見えた。

ぐすぐすに黒く膿んだ、網のはじっこに放置された焼肉を連想させる踵だったという。

「もちろんその部屋は却下しました。ほかにも、夜の神社で気配を感じて振りむいたら、鳥居のうしろに引っこむ子供を一瞬だけ見ちゃったりとか、展望レストランでランチの最中に窓の外を見たら、落下していく男の頭頂部だけを目撃しちゃったりだとか。あ、あとはエレベーターで……」

「待って、ちょっと待ってッ」

W氏は両手を大きく振って話を中断させた。

「あの、つまりさ……あなたは〈変なモノ〉を見逃しちゃう体質ってことなの」

キミカが頬に手をあてて「体質というより……運かなあ」と答える。

「わざと視ないよう努めているわけじゃなくて、たまたま結果的にそうなってるんで。だから、ぎりぎりで直視せずに済む強運の持ち主なんです、たぶん」

「へえ」と生返事をかえしたものの、先ほどまでの興奮はすっかりと醒めていた。

「正直〝あ、地雷を踏んだな〟と思いました。ミステリ好きだと思ったのに、まさかのオカルト系、おまけに妙なアレンジが入ってますからね。厄介ですよ」

さて、どうやって早めに切りあげようか——そんな内心が、ありありと顔に浮かんでいたのだろう。キミカが「信じてませんね」と彼を睨んだ。

「いやいやいや。あの、別にそういうわけではなくて」

しどろもどろで弁明していた、その最中。

ばんッ——。

なにかを打ちつけるような音がして、唐突に夜風が舞いこんできた。

見ると、柿渋(かきしぶ)色の木枠で飾られた上下にスライドする方式の窓が、上にあがりきっている。来店したときは、たしかにきっちりと閉まっていた。そもそも枠が緩んで落ちることはあっても、その逆は構造上ありえない。

誰も近づいた様子などなかった。

現に、バーテンはカウンターの奥でシェイカーを握りしめたまま固まっている。

なんだよ、いまの——唖然とするW君の視線が、ある場所で止まった。

上がりきった窓ガラスに手の形の汚れが残っている。おそるおそる近づき指で擦ってみたが、手の跡は消えなかった。

あきらかに、外側からつけられていた。

「……嘘でしょ」

よろよろと後退してスツールに座るなり、キミカがつまらなそうに呟いた。

「大丈夫よ。わたしがいるかぎり、絶対に見逃すから」

なんとも刺激的な〈事件〉を共有した結果——驚くことに、W君と彼女は交際に発展しなかったのだという。

「なんだよ。せっかく共通の趣味を持つ相手と会えたのに、惜しいなあ」

勝手に嘆く私へ、彼が机を叩いて反論した。

「勘弁してくださいよ。そりゃ彼女は〈視ようとしても視えない〉から良いですけど、僕は一緒にいたら、そのうち〈視たくもないのに視ちゃう〉かもしれないでしょ。海外ミステリは好きですけど、ホラーは苦手なんですよ」

だから、まだしばらくは独り身でしょうね——と、W君は肩を落とした。

あの後も同僚に誘われたが、もう相席居酒屋に行くつもりはないそうである。

わらしのやど

さすがに場所や時期は書けない。

ある女性が、友人と連れ立って温泉宿へ泊まったときの話——とだけ伝えておく。

その宿を強く推したのは友人だった。

なんでも、そこは幸福を呼ぶ「座敷わらし」が出ることで評判なのだという。

にわかには信じ難かったが、宿の女将もふたりを部屋に案内しながら「ええ、本当の話ですよ」と微笑んでいる。

「うちでは、座敷わらしさま専用の部屋も用意しているんです。守り神ですから」

そういえば、岩手かどこかの旅館にある「座敷わらし用の客間」をテレビ番組で見た記憶がある。この宿もおおかたあれを真似たのだろう。商魂のたくましさに思わず苦笑したが、友人はその手の話に目がないらしく、女将の説明を夢中で聞いている。

「もしかしたら夜中にお客さんの布団がいたずらされるかもしれませんが、うちの座敷わらしさまは可愛らしい女の子ですから、怖がらないであげてくださいね」

お決まりとおぼしい口上を述べ、女将が部屋をあとにする。

楽しかったのは、そこまでだった。

改めて眺めれば、部屋はお世辞にも立派とはいえなかった。座布団は端が破れて綿がはみだし、畳はあちこちが毛羽立っている。座卓に置かれた緑茶は甘味も渋味もしない白湯まがいの代物で、菓子盆の煎餅は噛みきれぬほど湿気っていた。

ようやく運ばれてきた夕餉の膳も、部屋に負けず劣らずのひどさである。米はやたらと黴くさく、味噌汁も湯気ひとつ立たないほど冷めている。焼き魚は芯に火がとおっておらず、ひと口食べてすぐに止めた。しぶしぶ、塩気がやたら強い香の物で米を片づけ、水っぽいばかりの果物を齧って夕食を終えた。

せめて温泉ぐらいは楽しもうとタオル片手に部屋を出たが、浴場までの廊下がやけに暗くて気が滅入る。肝心の風呂も、どうしたわけか身体の芯までなかなか温まらない。こうなれば自室で寝酒でもするよりほかないと、早々にあがって浴衣へ袖を通した。

この宿に決めた友人を半ば恨みながら廊下を歩く――と、自販機が並ぶ小スペースの手前に差しかかったおり、ぱすんっ、と乾いた音がして、紙風船が床を転がってきた。どうやら、自販機の陰から何者かがこちらへ蹴り飛ばしてきたらしい。

ふいに、座敷わらしの話を思いだす。

するとこれは演出の一環なのか、それとも誰かの悪戯(いたずら)なのだろうか。

部屋、飯、風呂と褒めるところがまるで見つからないのに、いまさら座敷わらしでもないだろう。幸福を運ぶというけれど、泊まり客を喜ばせずしてなにが幸福だ。馬鹿にされたような気がして、彼女は「文句のひとつも言ってやろう」と、自販機のある空間を覗きこんだ。

「うわ」

棒きれのように細長い頭の生き物が、くすんだ赤い布きれに身を包み、座っていた。

落書きじみた鼻と口に対し、ちいさな目は鶏(にわとり)に似て丸く、爛々(らんらん)と光っている。

こちらが腰を抜かしているあいだに、細い生き物は自販機の隙間へぷるぷると身体を捻じこませ、あっというまに居なくなった。

這いずりながらなんとか部屋まで戻ると、すでに缶ビールを空けた友人は「今夜あたり、座敷わらしさまが来ないかなあ」と目を輝かせている。

ここに居るの、座敷わらしじゃないと思うけど——とはさすがに言いだせず、彼女はそのまま一睡もせずに朝を迎え、朝食もそこそこにチェックアウトした。

精算の際、フロントの脇に置かれている紙風船が目に留まったものの、昨夜とおなじものかどうか確認する気には、到底なれなかったという。


ここからは余談めく話になる。

数年後、彼女は「あの宿の座敷わらし」に似た〈モノ〉をテレビの映像にみとめた。

それは岩手県遠野に伝わる「オシラサマ」という民間信仰の御神体で、人々はこのオシラサマに神霊を憑依させ、ともに遊んで喜ばせるのだと、ナレーターが解説していた。

けれども彼女によれば、あのとき見たモノはオシラサマよりもはるかに禍々しく、神々しさは微塵も感じられなかったそうである。

いまでも宿があるのかは、ここでは秘しておこうと思う。

あしがた

N氏は、町営のキャンプ場で管理人を長らく務めている。

「大変なお仕事ですね」とお追従を口にする私に、彼は笑顔で首を振った。本人いわく、夏場はそれなりに盛況だが、それほど苦労はない——との由。

「受付のほかは、下草を刈ったりバーベキューの薪を補充したりと、その程度だからね。問題は……春なんだ」

豪雪で知られる地域ゆえ、キャンプ場は晩秋から翌春まで封鎖される。再開するのは四月半ば。オープン直前は、バンガロー五棟を貸しだすための支度が欠かせない。

支度の大半は〈カメムシ掃除〉に費やされる。床を埋め尽くす緑や茶色の死骸を箒(ほうき)で掃き集め、カメムシでぱんぱんに膨らんだ紙製の米袋ごと焼いてしまうのだという。

「アイツらはよ、焚き火で、ぱき、ぱき、とはじけるんだ。あの独特なにおいを嗅ぐと

〝ああ、今年も春がきたな〟と思うね。あとは蜘蛛(くも)の巣を取ったり、水道や電気を確認するくらいだから、まあそれほど大変ではねえけどな」

では——なぜ春が問題なのか。

N氏によれば「一棟だけ、念には念を入れた拭き掃除が必要なのだ」という。

無数の足形がついているからだ。

バンガローの室内には、成人男性とおぼしき裸足(はだし)の跡が毎年残されている。その数、ゆうに三桁。油染みなのか、どの足形も洗剤入りの雑巾やモップで何度も何度も拭かないと消えない。キャンプ場を閉じる前には各棟をきちんと確認しているから、昨年の名残りとも考えにくい。

「おまけに、そのバンガローはキャンプ場の入り口からいちばん遠い位置にあるんだよ。でも、あの豪雪を掻きわけて入るヤツなんかいないだろ」

つまり——そういうことだよ。

N氏がにやりと笑った。その顔を見て、今日は怪しい体験を聞くためにはるばる彼を訪ねてきたのを思いだす。

けれども私は残念ながら、彼の言葉に同意できなかった。

たしかに奇妙といえば奇妙だが、さりとて「絶対に人間以外のしわざだ」との断定も難しい。どれほど雪深くとも、侵入をもくろむ輩（やから）は存在するのではないか。その人物が置かれている状況によっては、むしろ他者が入れないからこそ重宝するかもしれない。

いずれにせよ「足跡が残っていた」という一点だけでは、怪談としては弱い。

遠慮がちにそう告げると、N氏は「はあ、そういうもんかね」とあっさり納得した。

温厚な人物で助かった――ひそかに安堵する私を見つめ、彼が口を開く。

「もしアンタが言うように泥棒の類だとしたら、なんでアイツらは壁や天井にも足跡をつけていくんだい？」


キャンプ場は、本年も無事にオープンを迎えた。

当然ながら、無数の足跡はすでに消してしまったという。

それでも――もしかしたらなにかが起こるのではないか。そんな期待を胸に私はこの夏、問題のバンガローへ予約を入れている。

みずおと

昨春の深夜、後輩のマッシマが電話をかけてきた。

「たったいま、変な出来事がありますよ。あるんですよ」

よほど混乱しているのか日本語がおかしい。落ちつくよう諭してから話を聞いた。

私に連絡する十五分ほど前、彼はアパートの部屋で座布団を枕に寝そべり、文庫本を読んでいたのだという。

ふと、音に気づいて本を閉じた。

ちゃぽ、ちゃぽ——。

あきらかに、水音である。

盥（たらい）に張った水を手で掬（すく）うような、あるいは湖畔で魚が跳ねるような音だった。

首を伸ばして台所をたしかめたが、シンクの蛇口から水滴が漏れている様子はない。ならば風呂かトイレかとそれぞれを確認したものの、いずれも異常は見られなかった。念のために窓の外を窺う。空には雲ひとつなく、満月があたりを照らしている。どういうことか。気になったマツシマは部屋のまんなかで目を瞑（つむ）った。音をたよりに水音の所在を探ったのである。

まもなく彼は、その音が自身の背後、押し入れから届いているのを突きとめた。

押し入れは上下二段になっており、上段には冬物の衣類や旅行用キャリーバッグ、下段には趣味で集めた骨董品がぎっしり詰めこんである。お世辞にも整理整頓が行き届いているとは言いがたいが、水漏れするようなものをおさめた記憶はない。そもそも冬のはじめにセーターを探したきり、一度も開けていなかった。

おそるおそる押し入れに近づき、襖（ふすま）に手をかけてひと息に引く。数ヶ月ぶんの饐（す）えた空気に襲われながら、懸命に耳をそばだてた。

ちゃぽ、ちゃぽ――やはり、聞こえる。

水音はよほど奥のほうで鳴っているらしく、発生源がまるでわからない。解きあかすためには、収納品をあらかた引っぱりだす必要があった。普通であれば手間に怯んでさっさと諦めるところだが、マツシマは気になると放っておけない性分だった。

雑誌の束を畳へ放りなげ、ガラクタ入りの段ボールを畳にどんどんと積みあげていく。埃まみれになるのも厭わず、目に入る汗もかまわずに、彼は音に向かって掘り進んだ。

やがて、緊急の棚おろしから十分が過ぎたころ、とうとう彼は空になった下段の奥で、音の正体を発見した。

箱型の除湿剤が、なみなみと湛えた水をちゃぽちゃぽと揺らしていたのである。

思わずその場に脱力する。

たしかに一年ほど前、骨董品がカビないよう除湿剤を購入した憶えがある。それきりすっかりと忘れていたが、まさかいまになって、こんなものに驚かされるとは。

いまに、なって――そのとき、ふいに気がついた。

どうして、昨日まで聞こえなかった音が今日になって鳴りはじめたのか。

そもそも、触れてもいない除湿剤がなぜ揺れているのか。

息を呑んで、押し入れの奥へと再び視線を移す。

応えるように除湿剤が、ぢゃぼぢゃぼぢゃぼぢゃぼぢゃぼ、と激しく波打った。

「……そんなわけで、たったいま変な出来事があるわけです」

ひとくさり話し終えたマツシマに、私は苦笑しながら告げた。

「たしかになかなか怖い話だけれど、それにしても日本語があいかわらずおかしいよ。数分前の出来事なら〝あった〟と過去形になるだろ」

数秒のあいだ沈黙が流れてから、「あ、そうか」という彼の声が聞こえた。

「違うんです。あの、ちょっと待ってくださいね」

そう言うや、がさり、がさりと耳障りなノイズが、電話の向こうから聞こえはじめた。

「どうしたのか」と問うても返事はなく、ひたすら籠った音がするばかりである。

これはいったいなんの真似だ。もしや、こちらの指摘に抗議をしているのか。

いいかげん頭にきて「もう切るぞ」と言いかけた——私の耳に。

ちゃぽ、ちゃぽ、ちゃぽ。

水音とともに「聞こえますかあ」というマツシマの声が届いた。

「あの、まだ過去形じゃないんですよ。いまも揺れ続けているんです。呼びかけると、波が大きくなるんです。これ、なんなんですか」

「そのまま放置しておくのも、かといって捨てるのも怖い」という彼の懇願に負けて、私は結局その品を引きとった。

そう——いまこの原稿を書いている机の隅に、くだんの除湿剤は置かれている。

その後、マッシマから〈今日は揺れましたか?〉〈最近揺れますか?〉などと書かれたメールが、頻繁に届くようになった。どうやら「怪異の原因は自分の部屋ではなく、除湿剤そのものにある」との確信を得たがっているらしい。

そんな彼の気持ちを鑑み、私は「今日も揺れたよ」「昨日もちゃぷちゃぷ鳴ったよ」と、その都度返事を送っている。

だが、残念ながらそれは嘘だ。机に置いて以降、水音は一度も聞こえていない。

つまり、これが揺れていた原因は——。

いつ彼に告白すべきか、私はずっと悩み続けている。

しめろ

Pさんは、自宅アパートのトイレが非常に苦手であった。

「用を足そうと入るなり、声がする」というのである。

聞きとれないほどの囁き声が、途切れることなくドアの外で続く。話している内容はもちろん、性別も年齢もいっさい不明だった。

「それがなにより怖いんです。姿が見えたり話の中身が理解できれば、対処のしようもありますけど……わからないのが、いちばんゾッとしますよね」

仕事場から家に戻る際は、近所のコンビニでトイレを借りるのが日課になっていた。

どうすれば良いか悩んでいた、ある日のこと。

Pさんはひとつの事実に気づいて、はたと膝を打った。

声は毎回、トイレのドアを閉めた直後に聞こえはじめ、開けたと同時に止んでいる。

ならば、ドアが開放されているかぎり声は聞こえないのではないか。

帰宅後、彼女はさっそく仮説を検証しようと、数センチほどドアを開けて便座に腰を下ろした。

そのままの体勢で耳を澄ます。一分、二分——しばらく待ってみたものの、いつまで経っても声は聞こえない。

安心だ、これでもう大丈夫だ。

喜びのあまり無言でガッツポーズを決めた、次の瞬間。

ぱ、たん——。

誰かが外から押したように、ドアがゆっくりと閉まった。

現在も、帰宅前にはかならずコンビニに立ち寄っている。

来年にはさすがに引っ越す予定だそうだ。

おもゐで

主婦のDさんが、こんな話を教えてくれた。

「あ、体験したのは私じゃなくてママ友……より正確に言えば彼女の娘、チサトちゃんなんですけど」

三歳のチサトちゃんは〈おもいで〉を憶えている子だった。

むろん物心もつかぬ幼な児であるから、大人のように回顧する記憶などない。彼女の思い出は生前のもの、つまり胎内にいたときの記憶をすらすら話すのだという。

Dさんが「それ」を聞いたのは、ママ友数名でのランチ会の席上だった。

「あのねえ、まっかっかな、ひかりがいっぱいあるんだよ。あったかいんだよ。それでママが、〝チィちゃんにおいしいパンケーキをあげるから、はやくでておいで〟って、ゆってたの。ほんとだよ。ほんとなんだよ」

くだんのママ友いわく、たしかにチサトちゃんを妊娠中、パンケーキの名店が載った婦人雑誌を見ながら「産まれたら一緒に食べようね」とお腹に語りかけたのだという。おまけにチサトちゃんが〈おもいで〉を口にしたのは、パンケーキなる単語はもちろん、その存在を知るずっと前だというではないか。

「あんまりこういうの信じないんだけど自分の娘でしょ。さすがに驚くわよね。でも、最初に聞いたときは〝選んでくれてありがとう〟って泣けてきちゃった」

声を詰まらせ、ママ友は指で目尻をぬぐった。


「泣いてるママ友を見たら、私もなんだか感激しちゃって」

その晩、Dさんは帰宅したばかりの夫にチサトちゃんの逸話を聞かせる。けれども、返ってきたのはいかにもリアリストで理屈屋の夫らしい意見だった。

「それ、ママから刷りこまれてその子が創作した〈物語〉だと思うよ」

「ちょっと……なんであなたって、そういう夢のないことを平気で言うの」

「本当なんだからしょうがないだろ。子どもってね、大人が思う以上にこっちの顔色を見る生き物なんだよ。どう言えば親が喜ぶか察して話を作るのはあたりまえ。記憶さえ捏造（ねつぞう）するんだから本人にも判断がつかない。脳はそういう仕組みになってるんだ」

　言い終わるや夫はパソコンで検索をはじめ、サイトを次々に印刷してよこした。

「マクマなんとか裁判とかショッピングモールで迷子がどうしたとか、わけのわからない文章だらけでほとんど読みませんでした。ほんと、ウチの人って理系脳なんです」


　数日後、息子と公園で遊んでいると、チサトちゃんとママが顔を見せた。

　良い機会だ――詳しく話を聞いて、頭でっかちな夫の鼻をあかしてやろう。

　チサトママが他のママ友と談笑しているのを見はからい、そろそろと近づく。

「ねえ、チサトちゃん……こないだママのお腹にいたときのお話、してたじゃない」

　抱いているミルク飲み人形から目をそらさず、チサトちゃんは「ん」とだけ答えた。

「おばちゃんにさ、もっといっぱい、そのときのことを教えてもらえるかな」

「……いいけど」

「真っ赤な光があったんだよねえ」

「うん。あったかいの」

「そしたらママが〝一緒にパンケーキ食べようね〟って言ったんだよね」

「ちがうもん。〝おいしいパンケーキをあげるから、でておいで〟ってゆったの」

「そうだそうだ、ごめんね。それで……チサトちゃんはそのあと、どうしたの」

「……やだやだ、したの」

「え」

人形をその場へ転がし、いちだん低い声でチサトちゃんがこぼした。

「ほんとはいやだったの。だって、みんなやめちゃうんだもの」

粟立つ腕を無意識にさすりながら、Dさんは「なにをやめるの」と訊いた。

聞くな──もうひとりの自分が告げていたが、それでも聞かずにはおれなかった。

ほんの一瞬、ガラス玉のような冷たい目をしてからチサトちゃんが答える。

「ぱぱとまま、チィがむっつになったら、ばいばいするの。みんなやめちゃうの」

震える声で「だから、なにをやめるの」と訊ねる。露骨に苛立った表情を浮かべて、チサトちゃんがその場で地団駄を踏み、ピンクの靴が、きゅう、きゅう、と鳴った。

「だからね、ぱぱは、チィのぱぱをやめちゃうんだってば」

「……じゃあ、ママは」

「ひとをやめちゃうの」

そこまで喋ると、チサトちゃんは再びミルク飲み人形の手を掴んで、壊れそうなほど乱暴に振りまわしはじめた。

這うようにして息子の手を掴み、公園をあとにする。

ママ友への挨拶は、うまく言葉にならなかった。

小学校へあがると、学区の違うチサトちゃんとは自然と疎遠になってしまった。

だから、彼女の一家が「なにをやめてしまった」のかは知らないし、知る気もないという。Dさんの記憶が正しければ、この夏チサトちゃんは六歳になる。

でもどり

その年の秋、男性が旅先に選んだのは山間の湯治場(とうじば)だった。

民宿が数件ならぶばかりの鄙(ひな)びた土地であるから、入浴以外にこれといった楽しみもない。三日目ともなると逗留(とうりゅう)にすっかり飽きて、散策へ出かけることにした。

まだ色薄い紅葉を眺めつつ、宿の裏手にある小径を歩く。

もともとは参道であったらしく、周辺には石碑か塚の残骸とおぼしき欠片(かけら)がいくつも落ちている。興味をおぼえてひとつ拾いあげたが、裏いちめん蛞蝓(なめくじ)が集(たか)っているのに気づき、慌てて放りだした。

そういえば、空気がやけに湿っぽい。

午後も早い時刻だというのに薄暗く、秋とは思えぬほど吹く風がぬるかった。

そろそろ、宿に戻ろうかな。陰気さに耐えかねて踵をかえそうとした矢先、彼は十数メートル先の人影に気がついた。

路傍にぽつんと置かれた小ぶりの祠。

その前で、女がひとり屈みこんでいる。

女は祠めがけ、お手玉のような〈かたまり〉を投げつけていた。

おかしなことに、祠にぶつかったお手玉は地面をバウンドしながら、女の掌へ器用に戻っている。まるで、見えない相手とキャッチボールをしているようだった。

男性が息を殺して見守るなか、再び女が祠に向かって腕をふりかぶる。風を切る音に続いてお手玉が祠に激突し、跳ねながら女のもとへ帰ってくる——その、くりかえし。

あれはいったい、どういう仕組みなのか——。

そもそも、こんな場所でなにをしているのか——。

好奇心に勝てず、傍らの木々へ隠れるようにして足を進める。

まもなく、数歩ばかり接近したあたりでキャッチボールの正体が判明した。

お手玉ではなかった。

女が投げているのは、人形だった。

布を乱暴に縫いあわせた人形が、祠にぶつかるたび、小走りで女のもとへ駆け寄っている。さながら、母親めざして不器用に走る幼児のような動きだった。

そういう玩具なのかな。それとも、手品の類かな。

と――凝視する男性の目の前で、人形の頭が風船よろしく膨らんだかと思うと、次の瞬間、ぎぁんっ、と不快な音を立てて棒状に細長くなった。

あ、玩具や手品じゃない。

あの人形の中身は――内臓だ。

なぜそう思ったのかは説明できない。けれども、本能が「あたり」と告げていた。

ぞっとして小走りで宿へ戻ると、驚く女将をよそに予定を切りあげて彼は帰京した。

そのほうが良い気がして、旅に持参した服はすべて燃やしてしまったそうだ。


いまでもあの湯治場は、ときおりテレビの旅番組で紹介されている。

なんでも神様のようなものを祀った部屋を喧伝(けんでん)しているらしいが、すぐチャンネルを変えてしまうため、詳しいことはわからないという。

マンゴーさん

こちらも旅館にちなんだ話だが「詳細は書いてくれるな」と念押しされたため場所は明かせない。話者は、ベテラン従業員のK氏である。

彼の勤務する温泉宿には、クレームの多い一室があった。

一見したかぎり、取りたてて余所(よそ)の部屋と異なったところはない。畳敷きの和室に、卓袱台(ちゃぶだい)と茶菓子。テレビに金庫、タオル掛け。ごく平凡な和風の客室である。

ところが――深夜になると、男の顔が、ぬう、と客の前にあらわれるのだという。

顔はぐずぐずに膿んでおり、真っ黄色に腫れあがっている。

従業員は、ひそかに〈マンゴーさん〉と呼んでいた。

「親しみをこめて……というよりも、名前くらい和やかにしておかないと怖いでしょ。

〝また黄色い顔が出たんだって〟なんて会話をお客さんに聞かれてもマズいですしね」

出現するのは一瞬らしく、文句を言った当の客も半信半疑なのが救いだった。


そんな、ある日のこと。

主任が「どうせだから、この際マンゴーさんを宣伝してみようか」と言いだした。

「だって〝座敷わらしが出る〟って触れこみで客寄せする宿もあるらしいじゃないの。ウチもその路線、考えてみる価値はあると思うんだけどなあ」

その場は「悪い冗談です」と軽く受け流したが、主任はどうやら本気だったようで、その後もチラシの下書きを見せてきたり〈マンゴーさん〉に関するネットの書きこみをプリントアウトしたりと、準備に余念がない。

しまいには「どこか取材に来てくれないかな」と、テレビ局へ電話をかけはじめた。


しかし——結局その案は採用されなかった。

まもなく当の主任が、清掃中の大浴場で自死したのである。

百度近い源泉の注ぎ口に頭を突っこむという、非常に特殊な死に方だった。

「あとで聞いたら、いちばんひどいIII度の熱傷だったそうで。見つかったときには顔がすっかり壊死して……真っ黄色になっていたそうです」

もちろん、いまも宿はある。

あの部屋のクレームも続いている。

奇録、あるいは鬼録

前著『黒木魔奇録』に「奇録、あるいは忌録」という一編を収録した。取材ノートやメモ帳に殴り書きされた、誰から聞いたのかも定かではない文章を、ひとまとめに掲載したものである。意味不明で薄気味が悪い反面、当然ながら要領を得ない文章も多く、これにあまり頁を割くのも宜しくないだろうと思い、いくつかは掲載を見送った。

しかし生来の悪筆ゆえ、見送った話をそのまま捨て置けば、いずれなにを書いたものか判読できなくなる可能性も捨てきれない（事実、数年前は容易に読めたはずの文章が今回は理解できなかった）。

そこで、本稿は前回の「お蔵入り」と、この二年で新たに加わった殴り書き、さらに手書きではない最新ツールの〈奇録〉もまとめて紹介してみたい。怪の断片だからこそ伝わってくる得体の知れなさが、読者にわずかでも届けば幸いである。

殴り書きゆえ、詳細のおぼつかぬ箇所が散見されるのをあらかじめご寛恕願いたい。

タキタ君、二十五歳、男性。

昨年、■■■（西日本の某県）にある景勝地へ旅行したときの話。

川に架けられた吊り橋を歩いていると、岸壁の突端に立つ男性を見つけた。赤いシャツの男で、激流をじっと眺めている。

自殺だと慌てたものの、距離が距離なので、どう頑張っても男が飛び降りるまでにはまにあわない。そこで「その瞬間を撮影しておこう」と思った。冷静に考えると笑い話だが、そのときは他殺と疑われないためのアリバイのつもりだった。

スマホのカメラを起動させて男にズームし、シャッターを押す。撮れたかどうか確認してみると、画面いっぱいに赤いものが映っていた。上半身血まみれの男で、■■■■■しながら（この箇所、判別不能）、こちらを睨んでいる。あまりの形相に驚いて、スマホを川に落としてしまった。岸壁の男は、いつのまにかいなくなっていた。

男性、親の代から続く蕎麦屋。

同級生に頼まれて「こども食堂」をはじめた。

百円でかけ蕎麦、十円で天ぷらがトッピングできる。それほど告知もしていないのに一週間で子供が十六人も来て驚いた。地域を支えるために続けたいと思っている。

オープンから三ヶ月ほど経った夜、換気用の天井近くにある小窓から、男の子が顔を覗かせた。大人でも脚立がないとあがれない位置。気になって店の外まで出てみたが、のぼれるような台座はなかった。小窓の真下にはアザミが群生していたが、踏まれた形跡もない。食堂がにぎやかなので仲間に入りたくて子供のお化けがきたのだと思った。怖くはなかった。

しばらくしてから子供たちに「小窓のあれ、見た人」と聞いたところ、三人が「見た」と元気よく答えた。けれども彼らが目にしたのは〈よだれを垂らしたおばさんの顔〉だったと言われた。いまは小窓を古新聞で塞いでいる。


元学生、山形。

バイパス裏の■■■■■（アパート名）に住んでいた。大学から自転車で五分くらいの場所にある陸橋のバイパス。下道から合流できるようになっている。陸橋へ合流する部分の壁面には、花笠まつりの踊り子を象（かたど）ったレリーフが彫られていて、何体もならぶ踊り子のなかに、ひとりだけ幼子がいる。

ある日、バイト帰りに立ち寄った友人が「レリーフの小さい子と目があって怖かった」と言った。その科白がなぜかずっと記憶に残っていたので、ある日■■（判読不能）の帰りに見てみると、子供に黒目なんてなかった。

そこの近所では別な友人が事故に遭って、現場がちょうどレリーフの子の視線の先に
（ここで文章は途切れている）

三十代男性、仙台市。

深夜に自宅でネットを見ていたら、視界の隅で光がちらちらと瞬（またた）いた。
視線をパソコンからはずすと、窓の向こうで懐中電灯の光が上下に揺れていた。道の向かい側にある、古いアパートが建っているあたりだった。
停電でもしたのかとしばらく見ていたが、懐中電灯は消える気配も動く様子もない。あきらかに懐中電灯の光なので、怖くはなかった。

でも、泥棒か車上荒らしではと思った瞬間、光がありえない高さまで上がって、再び

もとの位置に戻った。驚いて叫ぶ私の声を聞き、妻も部屋にやってきたので、ふたりでそろって光を見続けた。映画に出てくる未来のエレベーターみたいな動きだった。

光は一分以上ブンブンブンブンと上下運動を繰りかえして消えた。

半年ほど前までそのアパートに住んでいた■■■さん（個人名）が、救急車で運ばれたまま帰ってきていない。それが関係あるのではと妻は言うが、調べたくない。


（男女や年齢の記載なし）

オフィスの入っているビル。築四十年。近所の小学生がきもだめしに来るほど古い。

外観だけではなく設備も老朽化していて、とくに資料室の蛍光灯はスイッチを入れるたびに、きん、きんきん、と鳴ってから点灯するような年代物である。

ある夜中、サイト更新のために残業していると、隣の資料室から、きん、きんと音が何度も聞こえた。自分以外に残っている社員はいない。

あまりに続くので仕方なく見にいったところ、明々と蛍光灯が点いている。

「消し忘れるなよ」と後輩の■■にキレながらスイッチを消して、トイレに向かうと、用を足している最中に突然思いだした。

きん、きんと鳴るのは、点灯するときだけだった。

消えるときには音はしない。

鳥肌を立てながらオフィスに戻ると、コピー機が勝手に作動して、白紙を延々と吐き続けていた。■■■■■■することにした（文字を塗り潰した痕跡、判読不能）。

社長の愛人がこのビルで亡くなったという噂がある。死んだ場所は誰も知らない。


（以下は、音声を自動でテキストに起こす、スマートフォンのアプリで記録した文章である。くだんの取材は明治期に活躍した山形県出身の医学者に関するもので、怪談とはいっさい関係ない内容だった。今回は取材者に了承を得て〈該当部分〉をそのまま掲載したい。なお、語句の乱れなどはアプリの誤変換によるものである）

――の時代にはまだワクチンが開発されてませんでしたから、コレラや天然トプも恐ろしい病気だったのです。ロベルト小保が結核菌を発見したのが明治の中頃ですからね、山形でもたくさんの人が亡くなったと聞いて私もそのとき死んだよ苦しかったですけども。当時は安静にしているより治療がなかったとだから死んだよ、死んだよ、死んだよでもまだいるよ、北サと柴三郎が破傷風を発見すると、彼も負けじと顕微鏡院の――

象の目を祖父は移植したので涙が止まらなくなって　でも医者は騙したあれは象の目ではなくて死んだ奥さんの目で手術のときは奥さんはまだ生きていた生きたまま目目目ずっと見られるのでイヤダイヤダと祖父死ぬまで言っていったその後孫の私が見られて困る９６５７８４３２数字を読んだ人を見るように死んだ奥さんお願いしたからいま見て（私のメモ帳に挟まれていた、新聞紙の切れ端に細かい字で書かれた文章。知らない筆跡である）

しかつき

希望により、場所などは伏す。

ある男性が父から聞いた話である。


彼の父は、東日本にかつてあった鉱山町の生まれ育ちだった。

大正から昭和にかけての鉱山は、その山だけでひとつの巨大な集落を形成していた。

商店街や学校、さらには立派な墓地までもが山奥に建てられていたのだという。

墓があるということは、もちろん火葬場も存在する。もっともこちらは現在のように立派な施設ではなく、煉瓦(れんが)を組んでこしらえた簡素な炉をそのように呼んだらしい。

幼い父はこの火葬炉へしょっちゅう遊びに訪れていた。煉瓦造りの外観が、なんだか大好きな絵本で見た西洋の家に似ていたのだそうだ。

その日も彼はいつものように、集落の火葬場へと足を向けていた。

ところが炉に近づいていくと、なにやら人だかりがある。荼毘に付されている場面に出会すことはこれまでに何度もあった。だが、今回はいつもと様子が違う。大人たちのざわついた様子がそれを物語っていた。

気づかれぬよう抜き足で人の輪に近づき、そっと混ざる。爪先立ちでみなが見ているものを覗くと、そこには炉から出されたばかりの、あたたかい骨があった。うっすら湯気がのぼる頭蓋骨の眼窩に、白いかたまりがぎっちり詰まっている。昔、漁師町出身の男がくれた〈フジツボ〉という貝を想起させる形状だった。

「あれってフジツボなの」

思わず隣の男へ訊ねると、彼は表情を渋くさせて「しかは」と答えた。

「鹿の歯だ。爺さん連中の話では、忌み日に山の肉を食べると食った獣が憑くらしい。おおかた、こいつは鹿を食っちゃいけねえ日に食ったんだな。目玉んなかに、まるまる一頭ぶんの歯が詰まってるもの」

男の説明に、ほかの誰かが「まあ〈さるは〉よりはマシだ」と言葉を継ぐ。

静かな口調にぞっとして、なにがどう「マシ」なのかは訊けなかったという。

父が小学校を卒業する直前、集落では「さるは」が見つかっている。

それが原因というわけでもないのだろうが、まもなく鉱山では食中毒や事故や喧嘩や自殺が相次ぎ、翌年には山を閉じてしまったそうである。

こえつき

発端は、ありがちな「信じる／信じない」の論争であったという。

はじめこそディベートめいた建設的な遣りとりが交わされていたが、なにせ友人宅に集まった若者たちである。やがて主張は平行線をたどり、売り言葉に買い言葉を経て、とうとう「そんなものは居ないと証明してきてやる」と、ひとりが言いだした。

「やめとけ。あそこに遊び半分で行った者は、かならず取り憑かれるらしいぞ」

真顔で忠告する仲間を鼻で笑い、彼はその夜遅く心霊スポットへ出かけた。

写真を撮ってくると誓ったのか、それとも物品を持ち帰ると宣言したのであったか、とにかく男性は現地からのレポートを約束していた。

だが、出発から二時間が過ぎ三時間が経っても、彼からはいっこうに音沙汰がない。

ひとりがいよいよ焦れて「迎えに行くか」と言った直後、携帯電話にメールが届いた。

E氏が成人を迎えるすこしばかり前、はじめて濁酒を飲んだときのこと。

酔いにまかせて、若かりし彼は炉端の父へと詰め寄った。

なぜ猟師を辞めたのか。よほど怖い目にでも遭ったのか——と。

はじめこそ父は笑いながら絡み酒をいなしていたが、E氏が引かないと悟るや表情を変えて「いっぺんしか言わねえど」と低い声で言った。

一瞬で素面に戻り、その場に正座する。

息子の態度を鼻で笑うと、父は杯を一気に煽ってから静かに語りはじめた。

その年、父は「猪を一匹仕留めてほしい」と近隣の村から頼まれたのだという。

春先から、田も畑もおなじ一頭にやられていた。

土を掘り起こして根を齧り、ようやく出た新芽をことごとく食べ尽くす。村でも柵をこしらえたり罠を仕掛けたりさまざまな手を講じてみたものの、すこぶる賢しい一頭と見えて文字どおり歯牙にもかけなかった。

このままでは秋まで保たない——飢えを恐れた人々は、最後の手段として父に討伐を依頼する。猟師の編隊を雇う金などない寒村の懇願、父はふたつ返事で引きうけた。

「ところが親父が言うにはよ、猪ってのは熊や鹿よりも厄介らしいんだな。熊は臆病で人間を見ると逃げるし、鹿は背を伸ばしてこちらを窺う。鉄砲を構える余裕があるんだ。ところが猪ってのは藪に隠れてて、人が近づくなり一直線に向かってくるんだと。下手をすれば牙で腿を裂かれて血まみれで死ぬ。だから、ずいぶん警戒したらしい」

正攻法で狙っても容易には倒せまい。そう考えた父は、一計を案じる。

獣道の途中に水を撒き、手でかき混ぜて泥溜まりを作ったのである。

「ヌタ場って言うんだと。猪は泥浴びをする習性があって、ヌタ場を見つけると夢中になって身体を泥だらけにするらしいんだな。親父は〝毛のなかの虫を殺してるんだ〟と教えてくれたわ」

ヌタ場ができあがると、父は近くの巨石へ腹這いになって鉄砲をかまえた。猪も泥浴びをしているあいだは隙が生じる。そこを狙えば勝機が生まれると踏んだのである。

一日目は空振り。二日目も手応えはない。しかし三日目、父はヌタ場に残されている蹄の跡を見逃さなかった。

夜のうちにやってきたのか。向こうも油断しはじめていると確信した。

小糠雨が降る四日目を経て、五日目の昼過ぎだった。

いつものように石の上で待機していると、ふいに藪がざらざら鳴った。まもなく笹を掻きわけて、めあての猪が姿を見せた。

片方の牙が折れた雄である。これまでに仕留めた、どの猪よりも大きい。瘤のように隆起した身体は、あちこちの毛が抜け落ちていた。

「疥癬って皮膚病だったみてえだ。皺だらけの肌を見て、最初は別な獣かと思ったって親父は言っていたな」

猪はヌタ場へ横倒しになると、泥を跳ねあげてのたうちまわった。

可哀想に、さぞかし痒かろう――獣を憐みながらも、父は「上下二連」と呼ばれる縦にふたつ連なった銃口をゆっくりと向け、引き金に指をかけて息を止めた。

次の瞬間だった。

泥と戯れていた猪がすっくと起きあがり、まっすぐに父を見つめたのである。

達観したまなざしは獣のそれと思えない。剥きだしの肌も手伝い、さながら人を狙っているような心持ちがした。

それが、腹立たしかった。

お前は獣だ。人間さまには勝てねえんだ。

狙いを定めて一気に撃つ。反動で肘が石に擦れ、軽い痛みをおぼえた。

猪はゆっくり泥のなかへ顔を沈めたかと思うと、あとはぴくりとも動かなかった。

父はそのまま、ずいぶん長いこと石の上に寝そべっていた。動く気力が尽きている。

むろん持ち帰る余力などない。明日でかまわないだろうと自分に言い聞かせた。

「……で、親父はくたびれて山を下りたらしいんだがよ。ようやく村にたどり着いて、
我が家の屋根が見えたあたりで、やけに騒々しいのに気づいたらしいんだな」

疲れた身体を無理やり引きずって、早足で家へと向かう。

「どうしたッ」

叫ぶように訊ねると、妻がおろおろしながら庭先を指さした。

「……なにしとるんだ、あれは」

五歳になる長男坊が土に寝そべり、ばたばたと泳ぐような仕草を繰りかえしていた。

坊は口を半開きにさせ、うろんな目で虚空をぼおっと見つめている。昨日の小糠雨で
生じた泥濘（でいねい）にまみれ、全身が茶色く汚れていた。

状況が飲みこめず立ち尽くしていると、妻が狼狽（うろた）えながらことの次第を知らせた。

「いきなり叫んで庭へ駆けだしたと思ったら、ずっとあの調子で」

「……いつからだ。いつからああなったッ」

「え、たしか……昼過ぎだったかと」

その言葉ですべてを悟る。

まさしく、あの猪を仕留めた時刻だった。

「幸いなことに坊も夜半には落ちついて、翌朝にはけろりとしておったそうだ。石ころだらけの庭で暴れたもんだから脇腹に大きな傷をこさえたそうだがね。それで親父はすっかり厭になっちまって、テッポブチを引退したんだと教えてくれた。〝狐だろうが猪だろうが獣は憑く。人以外のものに人はかなわん〟と吐き捨てとったわ」

「あの……もしかして」

話を聞き終え、おずおずと訊ねた。

E氏が上目遣いに睨む。眼光の鋭さに怯みつつも、私は質問を止められない。

「つまり、お父さまの子供さんが猪に憑かれたということは、その」

「んだよ」

短く言うなり、彼がべろりとシャツをめくった。

皺の寄った横腹には、ずいぶん古いものとおぼしき傷跡が見える。

「はじめに言っただろ。まだ物心もついてなかったもんで、俺は記憶にねえんだわ」

まあ良かったで、人間に戻れてよ――。

愉快そうに、E氏が笑う。

その目がでらでらと光って見えたのは、気の所為であったと思いたい。

きつねつき

昨年の夏、怪談会の語り手として山形県内の公民館へと招かれた。

おのれの語りの拙（つたな）さを自覚しつつも参加を了承したのは、本編終了後に参加者が語る体験談を聴くためであった。このような地域に根ざした場では、通常の取材においては出会えない怪異譚を収集できるのである。事実、その日もなかなか新味のある、それでいてどこか長閑（のどか）な話をみっつほど拝聴できた。

と、すっかり上機嫌で会場を去ろうとする私を、ふいにひとりの男性が呼び止めた。

齢（とし）は八十半ばといったところだろうか、矍鑠（かくしゃく）とした、見るからに好々爺（こうこうや）である。聞けば、彼の名も黒木だというではないか。筆名の私と違ってこちらは本名だった。なんでも山形には黒木姓ばかりの集落があって、男性もそこの生まれ育ちなのだとか。

「同姓につられて今日は足を運んだのですが、他のみなさんの体験が面白く、ついつい手を挙げるのを忘れてしまいました。実は私も、その手の思い出話があるのです」

こういう僥倖に恵まれるがゆえ、町や村での催しは止められない。さっそく私はメモ帳を取りだし、黒木翁の話をうかがうことにした。

彼がまだ幼い時分、父から「本当にあったことだ」と、こんな話を聞いたそうだ。

あるとき、炭焼きを生業にする男が山から戻らなくなった。いつもであれば背負子にたんと炭を積んでくるはずが、一日待っても二日経っても帰ってこない。五日目の朝、「さすがに只事でないぞ」と騒ぎになり、若衆数名で様子を見にいくことになった。いつも炭運びを手伝っている坊の案内で山道をのぼり、藪を漕いで森を抜ける。やがて太陽が中天にかかるころ、峰の向こうに茅の屋根が見えはじめた。

炭焼き小屋に近づき窯を覗くと、どうやら途中で火が絶えたとみえて、炭はいずれも生焼けである。生真面目で知られた男の仕事とは思えない。「当人は何処へ行った」と探すうち、まっさきに小屋へ飛びこんだ坊の悲鳴が聞こえてきた。

駆けつけてみれば坊は囲炉裏の前で尻餅をついたまま、がくがく歯を鳴らしている。

震えながら坊が指す先には、囲炉裏から転げたのか灰まみれの鍋があった。中身はほとんど灰にこぼれていたが、鍋底には毛だらけのかたまりが残っていた。

みなは首を傾げた。このあたりでは炭焼きの際に「くじら汁」を常食とする。塩漬けの鯨肉を煮たもので、夏でも保存が効くため山籠りには都合が良いのだという。しかし、いま鍋のなかに見えているのは、あきらかに鯨ではない。

では、これはいったいなんなのか。と、好奇心に駆られたひとりが手を伸ばして肉を摘まむなり、ひゃっ、と声をあげた。

仔猫であった。手足と頭をむしって鍋に放りこみ、ぐつぐつ煮たものと思われた。

これは自分たちの手に負えぬ——そう悟った若衆はすぐに山を降り、隣の村に暮らす〈オナカマの婆さま〉のもとへ駆けこんだ。

山形県の村山地方では、巫業（ふぎょう）に従事する盲目の女性をオナカマと呼んでいた。彼女らは青森県下北半島のイタコとおなじように、死者や神仏を自身に降ろして託宣を告げる、「口寄せ」をおこなう。当時は怪しい出来事にかぎらず、解決しがたい問題の相談役として、オナカマが辛うじて機能する時代であった。

若衆の訴えを受けて、すぐにオナカマは祈祷をはじめた。ムクロジの実と山犬の骨でこしらえた数珠をこねくりまわし、トドサマという布人形を両手に持って経を唱える。

十五分ほどもそれが続いただろうか——ふいにオナカマが祈祷を止めて、

「狐だな」

もそりと答えた。

「死んだ猫を食うた所為で狐が憑いた。男は村に戻っている」

呆気にとられるみなの前で、オナカマは「■■■の何々兵衛のところだ」と村にある家の屋号を口にした。たしかにその家は存在するが、炭焼きの男とは然したるゆかりもない。そのように抗弁したもののオナカマは「その家だ」と取りつくしまもない。

なんだかこちらが狐につままれたような心持ちで、若衆たちは隣村をあとにした。

「……助けを求めておいて言えた義理ではないが、このご時世に狐憑きか」

帰り道でひとりが不満を漏らす。ほかの連中も無言で同意した。

田舎とはいえ、時代はとうに昭和である。憑依云々と呼ばれるものの多くは、病んだ心が原因だ——との認識は、すでに広く受け入れられていた。前時代的な回答、そしてそのような答えに縋るよりほかない歯痒さが、彼らを苛立たせていた。

村へ戻り、くだんの家の当主に事情を話して、形ばかりの家捜しがはじまった。

土間に板の間、寝床に厠（かわや）。気乗りしないまま、それぞれをたしかめていく。

と——数名が離れにある蚕（かいこ）小屋の戸を開けようとした、そのときだった。

「おいッ、おいッ」

庭先で若衆のひとりが地面に這いつくばり、縁の下を覗きながら叫んでいる。

「あれ」

おなじ体勢で視線を追ってみると、縁の下に横たわる人影が見えた。

腹這いでもぐって数人がかりで運びだせば、それはまさしく炭焼きの男であった。

男はとうに息絶えており、なぜかあらかたの歯が折れていた。泥だらけの足の裏には、炭で焼いた火傷（やけど）の痕があって〈鼡〉という文字のようにも読めたが、意味するところはまるでわからなかった。


翌日、若衆は託宣の礼を兼ねてオナカマのもとへ報告に赴く。

知りたいことが山積みだった。

どんな理由で男は仔猫を食らったのか。

なぜ猫を食べたのに、狐に憑かれてしまったのか。

そもそも、男はいつ村へ帰ってきたのか。

どうやって、誰にも姿を見られず戻れたのか。

そして、あの家の軒下に入ったのはどうしてなのか。

あまたの問いにオナカマは「獣の道理が人にわかるか」と答えるだけだった。唯一、足裏の火傷は「猟のひと文字から〈けものへん〉を取って、人に成ろうとしたのではないか」と教えてくれた。

「人と一緒ではよろしくない」とのオナカマの助言により、男の墓は山中に作られた。

ちなみに黒木翁は幼いころ、その山からあがる狐火を目撃している。

怪火と男にかかわりがあったのかどうか、いまはもう誰もわからない。

困（こまる）

これもまた、黒木翁（おう）が父とその兄弟より聞いた話である。

昭和も片手で数えるほどのころ、ひとりの男性に起こった出来事だそうだ。

ある夏のはじめ、おなじ集落に暮らす中年の女性がいきなり家を訪ねてきた。往来で会えば挨拶くらいは交わす間柄だが、それほど親交が深いわけではない。

いったいどうしたのかと訊ねるや、

「あんたぁ、山には行かんのかあ。山に行かないと困らんかあ」

とぼけた抑揚で、理解できぬ文言をしきりに繰りかえす。

たしかに男性はかつて親戚を手伝い、山仕事に携わった時期がある。けれどもそれはずいぶん昔のことで、炭焼きや木挽きが廃（すた）れたいまとなっては、取りたてて山へ入る理由などない。

彼は訝しんだ。もしかして女性は「薪を取ってきてほしい」だの「山菜を摘んできてほしい」だのといった面倒な用事を乞うつもりではないのか。

「いや、まあ、そのうちな」

警戒した男性が適当な返事でお茶を濁していると、まもなく女性は帰っていった。

やれやれ、諦めてくれたか——ほっとしたのも束の間、彼女は翌日も家にやってきては「困らんかあ、山に行く用はないのかあ」と、あいかわらず連呼してくる。

それが三日、四日と続いたもので、さすがに男性も不快感をおぼえ、

「なあ、どうして山に行かせたがるんだね」

諍いになってもかまわぬと覚悟を決め、強い調子で訊ねた。

すると——女性は電池が切れたように沈黙してから、

「たまさかできたものではあれど、かようなものがあっては、よそのものがいつくで、たいそうこまるのだわあ。こまるのだわあ」

謡を思わせる節まわしで、ますます解せない科白を口にする。

目の焦点があっていない。ふと女性の手を見れば、爪に泥がびっしり詰まっている。

すこしばかり恐ろしくなって、

「じゃ、じゃあ明日にでも山へ行ってくるとしよう」

彼がそう告げるなり、女性はぴたりと沈黙し、無言で去っていった。


翌日——奇妙な約束にしたがい、男性は山へ入った。反故(ほご)にしても良かったのだが、またあの女性がやってくるかと思うと、無視する気になれなかったのだという。なにをすれば良いものか、まるで見当がつかなかった。もとより用などないのだから当然なのだが、だからといって手ぶらで帰れば山へ行ったことが証明できない。ひとまず、証拠がわりに茸でも狩っておこうと決めて、

「まったく……困るのはこっちだわ」

愚痴をこぼしつつ、山道をうろついた。

鉈(なた)で藪を別(わ)けながら、尾根をめざして丘を越え谷を渡っていく。やがて、沢が二股に分かれるあたりまで差しかかった。

ふと、首を傾げる。

景色がどうもおかしい。

何度となくこの場所を訪れた自分にしかわからぬ、かすかな違和感があった。

なにが奇妙なのか。どこが違うのか。

瞳を凝らすこと、しばし。唐突に答えが判明し、男性はちいさく叫んだ。

沢向こうの土手に植わっていたダケカンバの木が横倒しになって、ほかの木々に覆いかぶさっている。どうやら豪雪に耐えかねたらしく、幹のなかばが半端に折れていた。

なるほど、この倒木がしっくりこない景色の理由であったか。

納得しようとした。けれども、なぜか胸のわだかまりは消えない。

景色の相違が問題ではないとすれば、いったいなにが。

疑問を放っておけず、沢をじゃぶじゃぶ横断してダケカンバへと近づいた。

転がり落ちぬよう土手に手をつきながら、巨木をしげしげと眺める。露出した断面はすっかりと水気を失い、白色の樹皮もあちこちが剥がれていた。

痛ましいありさまを嘆じつつ、なにげなく根本から枝へと視線をあげる。

「あっ」

一瞬で頭の靄(もや)が晴れた。解答が見つかった。

倒れた幹は、沢のそばにすっくと立つ二本の樹木に引っかかっている。土手を登った先には、もう一本の大きなダケカンバがあって、そこから生えた太い枝が、倒木と並走するように伸びていた。

縦の柱が二本と、真横に交差する横向きの柱がふたつ。

鳥居の形だった。

もしや、女性が口にしていた「たまさかできたもの」とは、眼前のこれではないか。

直感にしたがい、男は腰に結わえた鉈を手に取り、半端に立っているダケカンバの幹めがけて刃を振るった。めりめりと音を立てて大木が傾ぎ、地響きとともに笹藪へ倒れこむ。途端、せせらぎが消え、風にそよぐ葉が動きを止めた。

まもなく音が戻ると、周囲の空気がやけに軽くなっていた。そのときはじめて、先ほどまで漂っていた異様な気配に気がついた。


そのときは胸のすく思いで家に戻ったものの、夕餉の飯を食いながら考えを巡らせるうち、もろもろ疑問が湧きはじめた。

たまさか樹木が鳥居になったとして、なぜあの女が困るのか。第一、彼女はどうしてそのことを知っていたのか。本当に知っていたなら自分でどうにかすれば良いのではないか。改めて振りかえると良いように騙されたとしか思えない。あるいは、正気をなくした女性の妄言を鵜呑みにし、自分も熱に浮かされていたのだろうか。

いずれにせよ、馬鹿馬鹿しい真似をしたものだ。

おのれに腹立たしさをおぼえつつ、男性は床に就いた。

すると、夜半過ぎ。

家じゅうが激しく叩かれる音で跳ね起きた。

雨戸といわず外壁といわず、あちこちを誰かが休みなく殴りつけている。殴打の主はどうやら独りのようで、その証拠に足音がひとつ、家の外周をぐるぐると巡っていた。

それが——やけに速い。息も継がずに駆けているとしか思えない。

家のまわりは農具や鉢植えが無造作に置かれている。おまけに裏手には生け垣があって、そろそろと横向きで歩かなければ通過できない。しかし、足音は蹴躓きもせずに暗闇のなかを走り続けている。

理由をたしかめる気にはなれなかった。男性は布団にもぐったまま、ひたすら念仏を唱えながら朝を待った。

東の空が白むころ、音はぴたりと止んだ。

すっかり明るくなってからおもてに出てみると、人の背丈では容易く届かない位置に、爪跡らしき傷がいく筋か残っていた。

「あれは〈よそのもの〉が怒って腹いせをしたのであろうな」

男は酒席のたびにこの話を披露しては、まわりを大いに怖がらせたという。

その年以降、彼の家の庭に生えていた枇杷(びわ)の木に大ぶりの実がつくようになった。

くだんの女性は、たびたび家を訪ねたことも自身の発言もまるで憶えておらず、その話について訊ねられるたび、たいそう困っていたそうである。

讐（あたる）

一年前、居酒屋のカウンターで、Q氏なる男性から唐突に話しかけられた。

本人いわく工務店を営んでいるとの話だったが、渡された名刺には箔押し（はくおし）の太文字で《なんでも解決、なんでも屋！》と印刷されている。

「屋根の塗装や庭木の剪定（せんてい）、スズメバチの駆除から遺品買い取りまで、頼まれたことは基本的になんでもやるよ。あ、殺人と除霊は専門外だけどな」

人懐こい笑みを浮かべ、こちらの好奇心を刺激するような科白を吐く。私もまんまと釣られて「ってことは、除霊の依頼もあるんですか」と訊いてしまった。

「へえ……殺人のほうに食いつかなかったのはアンタがはじめてだ」

妙なことに感心しつつ、Q氏は「とっておき」の話を披露してくれた。

二年ほど前、大漁居酒屋を経営する知人から「最近、ウチの店でちょっと変なことが続いているんですけど」との相談が入った。

「見積もりにかこつけてタダ酒を飲んでやろうって腹積もりだったんだがね。閉店後に訪ねてダチに話を聞いたら、〈ちょっと変〉どころか〈かなり変〉な状況でさ」

無人のトイレから延々とノックが聞こえる。呼びだしのチャイムを聞いてテーブルへ向かうと誰もいない。天井から吊るした装飾品のビン玉（漁でウキ代わりに使う巨大なガラスの球体）が、触っていないのに振り子よろしく左右へ揺れる——などなど。

「そんな現象が一日に一度は起きるんですよ、幸い、今日はまだなにも……」

灯りを落としたカウンターで知人の店主が嘆く。と、その直後、

「ぎょおわまだなにもっ」

うがいを思わせるあぶく声が、店主の科白を不器用に真似た。

声はスピーカーから聞こえてきた。有線放送は、すでに電源を落としている。

「ううむ」

さすがの〈なんでも屋〉も唸ってしまった。

「ただ、さっきも言ったとおり除霊なんて専門外だろ。どうするか悩んで悩んで……」

閃いたのさ。

Ｑ氏はやおら立ちあがるとショーケース型の冷蔵庫から日本酒を数種類抜きだして、コンロにあったモツ煮用の大鍋めがけだぼだぼと注いだ。

「獺祭とか田酒とか値の張る酒ばかり選んでやったよ。ダチは青ざめてたっけな」

顔面蒼白の店主を前に、Ｑ氏は食器棚から袋入りの粗塩を取りだすと、中身をすべて鍋へ落とした。塩の山が完全に溶けたのを見はからいコンロに火をかける。たちまち、店内は煮立った日本酒の湯気でむせかえらんばかりになった。

「知ってるか。スズメバチってのは燻して追いはらうんだぜ」

「は、はあ」

「ただ、さすがに店を煙だらけにはできないからな。今回は水蒸気で悪霊退散だ」

「はあ……」

自信満々の彼に対し、店主は疑惑のまなざしを隠そうともしない。

「なんだよその顔。良いか、塩と酒ってのはお浄めのツートップなんだぞ。そいつをお焚きあげしてやったんだ、効かないわけがねえだろ」

「……逆にバチあたりな気もしますけど。あの、怒って祟られたりしませんよね」

「そのときはまた相談してくれや、別な手を考える。別料金でな」

瓶の底に余った日本酒を飲みほすと、Q氏は店をあとにした。


「で、家に帰ったわけなんだが……」

鍵を開けようと玄関のドアに近づく。

靴裏が、じゃり、と鳴った。

反射的に足をあげてみれば、靴にはザラメのような粘った粉末がこびりついている。

指でこそいで目の前に近づけた瞬間、粉の正体に気がついた。

「塩だった。ほんの数十分前に弄ってたもんで、ピンときたのさ」

水気を含んだ塩は玄関ポーチいちめんに撒かれている。まるで、盛り塩を乱暴に踏み潰したようなありさまだった。むろん、心あたりはない。

「ま、考えてもしょうがないから、塩をまたいで家のなかへ入ったんだけどさ」

今度は、廊下に白い紙きれが落ちていた。

数年前に成田山で貰ったお札(ふだ)である。神棚下の柱に画鋲(がびょう)で留めていたはずだった。

「でも、画鋲は柱に刺さったままなんだ。〝あ、こりゃ宣戦布告だ〟と思ったね」

Q氏はすぐに動いた。

お札もそのままに近所のコンビニへと走り、目についた日本酒数本と天然塩の大袋を買い求めたのである。あとは、ご想像のとおりだ。

「ウチの大鍋をひと晩じゅう、ぐらんぐらん沸かしたのさ。ほんのすこしだけ残っていたワインも、ついでにぶちこんでやったよ」

まもなく——明け方に玄関のドアを蹴りつける、どうんっ、という音がひとつ轟いて、あとはもうすっかり静かになった。

「それで終了。案外、なんとかなるもんだと思ったよ」


「……ちなみに、ご友人のお店は大丈夫だったんですか」

話が終わるなり私はQ氏に訊ねた。彼自身は半ば強引に勝利をおさめたが、知人には逆に障りがあったのではないか——そんな不安をおぼえたのである。

と、Q氏がカウンターへ身を乗りだし、

「おおい、〝店は大丈夫でしたか〟だってよ」

その声に、奥で包丁を振るっていた店主が軽く会釈をした。

「てなわけだ。ほら、なんとかなるもんだろ」

得意げな顔で同意を求める彼に、私は頷くよりほかなかった。

訴(うったえる)

スナックでママを三十年営むA子さんは「幽霊なんか信じない」と、頑(かたく)なに主張している。むろん、その発言にはれっきとした理由がある。

彼女がまだ十代のころ、叔父が山で行方知れずになった。

季節は晩秋、叔父の登った峰はすでに綿帽子をかぶりはじめている。「例年より早い雪に加えて荒天続きで、捜索が難航しているのだ」と、叔母は電話口で泣いていた。

A子さん自身、叔父にはずいぶん可愛がってもらった。

自分には子供がいないからと会うたびに玩具や菓子をくれる、笑顔のやわらかい人だった。

心配ではあったが、さりとて祈る以外にはなにもできない。自分の非力をもどかしく感じながら、その日は床に就いた。

すると、真夜中――彼女は息苦しいほどの重みで目を覚ます。

「ひ」

掛け布団の上で男が膝を折り、自分を見下ろしていた。

まごうことなき叔父だった。

「いきてる」

絞りだすようにそれだけを訴えて、叔父は夜へ吸われるようにずるると消えた。

歯が鳴った。寒気が止まらなかった。まだ感触が残っていた。

すぐにでも両親の寝床に飛びこみたいが、布団を出るのも恐ろしい。どうしようかと逡巡（しゅんじゅん）するうち、いつのまにか彼女は再び眠ってしまったのだという。

気づけば、すでに朝である。

頬がこけた叔父の表情は脳裏に焼きついていたものの、明るい窓の外を見ていると、あれが本当の出来事だとは思えなくなってきた。迂闊（うかつ）なことを口走り両親を動揺させるのもどうかと思い、結局A子さんは黙っておくことに決めた。

ところがその日から、叔父は毎晩姿を見せる。

場所も時刻もおなじ。口にする言葉も「いきてる」のひとことだけ。

ただひとつ——声だけが変化していた。

まるで首を絞められているかのような呻きが、日を追うごとに強くなっていく。

もしや叔父は絞殺されたのではないか——そう思ってしまうほど苦しげな声だった。

大人になったいまであれば、しばらくのあいだ寝床を変えたり、叔父が出現しそうな時間帯に戸外へ赴くなど、なんらかの回避手段が取れたかもしれない。けれども十代の彼女には選択肢などなく、それ以前に半信半疑だった。あの男が本当に叔父であるという確信が、そして夢ではないという確証が持てなかった。

なにより「いきてる」と訴える叔父のひとことが、A子さんを寝床に縛りつけていた。あの言葉の意味を、どうしても知りたかった。


数日後の夜。

いつものように彼女は布団のなかで身構えていた。行方不明から一週間が過ぎても、叔父の安否は杳として知れない。

今夜もそろそろ姿を見せるだろうか。前夜と同様に「いきてる」と訴えるだろうか。

叔父の出現を震えて待ちながら、気づけば彼女は朝を迎えていた。そう、なにごとも起きなかったのである。

そして――その夜を境に、叔父は姿を見せなくなった。

一日経ち、二日が過ぎ、三日目を迎えるころになって、ようやくA子さんも冷静さを取りもどしはじめた。やはり、連日の出来事は夢だったのではないか。不安に苛まれるあまり、叔父の悪夢を見たのではないか。

そんな思いを強くしていた、四日目の夕方。

叔母から電話があった。

たまさか受話器をあげたA子さんへ、叔母は「見つかったよ」と静かに告げた。

叔父は遺体で発見された。

状況から見て、亡くなったのは数日前。驚くことに死因は凍死や衰弱ではなかった。空腹に耐えかねて防寒ベストの中身を食べ、窒息死したのである。

「胃のなかが綿だらけだったんですって。死ぬ何日も前からつまんでたみたい」

叔母の言葉を聞いて、彼女は叔父が〈変声〉した理由を悟った。

ついぞ現れなかったあの夜に、叔父は死んだのだと確信した。

「幽霊なら死んでから出るでしょ。でも、亡くなった日を境に、姿を見せなくなったということは……きっと、そういうものなのよ」

ママはいまでも、叔父の命日には彼が好きだった銘柄のウイスキーを献杯する。

幽霊など信じてはいないが、それでもなんだか欠かすことができないのだという。

訊(たずねる)

昨秋、以前に怪談会で名刺を渡した看護師の女性から連絡をもらった。

「一昨日(おととい)の夜、なかなか濃い出来事があったんですけど……聞きます？」

夜勤のため、ナースステーションに詰めていたのだという。

担当は彼女と看護師長。急変する患者もおらず、ナースコールも横田のおじいさんが「腹へった、パン食いて」と駄々をこねた一回きり。おだやかな夜——になるはずだった。

深夜二時すぎ、電話が鳴った。

外線である。時間を思えば只事ではない。

ステーションに電子音が響くなか、師長が早足で近づくと受話器をあげた。

「もしもし……ええ、そうなんです。はい、はい……申しわけありません。こちらではなんとも……ええ、なにとぞご理解ください。では、どうも失礼します」

まるでコールセンターのように粛々と応対し、師長は電話を切った。

いまのは、だあれ――。

そんな彼女の視線に気づいた師長が苦笑いしながら、

「二〇三号室の江藤さんだった。〝なあ、おれ死んだのか〟って訊かれたわ」

昨晩亡くなった患者の名前を、さらりと口にした。

「その後も師長は淡々とした様子でしたが、いつもよりも早足で巡回を終わらせたのは見逃しませんでした。私はひそかに〝うわ、すごい体験しちゃった〟と興奮していたんですけど」

日勤看護師への申し送りノートには、さすがに書けなかったそうだ。

燃える

S氏の父親が、車に撥ねられた。

自転車で碁会所へ向かう途中、信号を無視したワンボックスが真横から突っこんできたのである。弾きとばされた自転車がU字に折れ曲がるほどの事故であった。

意識不明の重体——医師からは「七十五歳という年齢を考えれば、明朝までは体力が持たないかもしれません」と告げられた。励ましたくとも、集中治療室の父とはガラス越しにしか面会できない。高齢の母をいったん自宅に帰し、彼はひとり病院に残った。

真夜中であったという。

ロビーのベンチと集中治療室を往復していたS氏は、妙なものに目を留めた。

父が着ている患者衣の袖あたりで、蜜柑色の紙片らしきかたまりがぱたぱたと揺れている。

はじめは「器具かなにかが空調にそよいでいるのだろう」と思った。けれども紙片はあきらかに手首から指先へと移動している。

よくよく目を凝らしてみれば、それはちいさな蝶であった。

あれはたしか、蜆蝶だ。幼いころ、親子で虫捕りに出かけた記憶がよみがえる。

父は虫の名前や生態に詳しく、野山へ出かけると息子以上に張りきる人物だった。蜆蝶も、春先の公園で父と一緒に汗だくで追いかけた憶えがある。

そういえば、人生で最初に捕獲した虫があの蝶ではなかったか。「よくやったな」と、頭を撫でてくれた父の掌を思いだし、S氏はしみじみとした心持ちになった。

とはいえ、身内でも立ち入れないほど厳重に衛生管理がなされた集中治療室である。そこに、虫が入ることなどあるのだろうか。しかも患者の衣服から出てくるとは。

首を傾げるS氏の前で蝶は部屋のなかをふわふわ飛びまわり、目の前のガラスに二度、ぽつん、ぽつんとぶつかってから、いつのまにか居なくなった。

懐かしさが失せ、猛烈な不安に襲われる。

これは、良くない兆しではないのか。

あの蜆蝶は、親父の魂ではないのか。

もしや、助からないのではないか。

彼のうちに湧いた不吉な予感は——当たらなかった。翌朝に意識を取り戻した父親は、医師が驚くほどの回復を見せて、翌週に退院のはこびとなったのである。


帰宅して数日後、父が「あの夜、変な夢を見たんだよなあ」と茶を啜った。

「広い野っ原で子供のお前と虫捕りをしていると、そこに一匹の蝶々が飛んできてな。お前は必死に追いかけるんだが、儂はどうもその蝶が好きになれなくてね。捕虫網を振りまわして〝あっち行け、あっちへ行け〟と追いはらう……そんな夢だった」

S氏はなにも言わなかった。あの日見たものも知らせなかった。

だから、この出来事はいまも彼だけの秘密になっている。


以上の話を聞いたのは、怪談を書きはじめてまもないころである。

なかなかどうして興味深い体験談だが、実はこの話、長らくお蔵入りとなっていた。

取材後に、話者のS氏から「文章化するのは遠慮してほしい」と要望を受けたのである。

「当の父がまだ生きてますし、あまり縁起が良い話でもないですから、文字にすると……ちょっと」

もちろん私は承諾し、以降この話は公になることなく仕舞われていた。包み隠さず告白するなら、ついこのあいだまで私自身も話の存在を忘れていた。

さて──先日、S氏からおよそ十年ぶりに連絡をもらった。

もう書いてもかまわない、というのだ。

「暮れに父が亡くなりまして、ならば差し障りもなかろうと思ったのです。それに……後日譚とでも言いましょうか、また奇妙な出来事があったものですから」

S氏自身が述べたとおり御父君は昨冬、鬼籍に入った。

事故の後遺症もなく十余年を過ごしたのちの、大往生であったという。

弔いの席での話である。

通夜を終え葬儀を済ませ、故人を荼毘に付して、いよいよ納骨の段となった。

骨箱を抱えて午後の墓地を進む。苔(こけ)むした先祖代々の墓の前で足を止め、合掌した。

遺骨を納めるために墓石をずらしていると、あたりを囲んでいた親族から、歓声とも悲鳴ともつかぬ叫びがあがった。

墓跡の下にある納骨室から、一羽の蜆蝶がふわふわと飛びだしてきたのである。

地虫ならともかく、蝶が入る隙間などあろうはずもない。不思議に思いつつも全員が見守るなか、蝶は墓のまわりをしばらく舞っていたが、やがて翅（はね）を休めるような仕草で火がついた線香の先端へと止まり——一瞬であざやかに燃え散った。

初七日法要の精進落としは、蝶の話題で持ちきりになったということだ。

吼(ほえる)

「しつこいようだが具体的な場所はいっさい教えられない。最近はすこしでもヒントがあると、ネットで調べがつくもんでね。原稿も確認させてもらう。それで良いかい」

執拗なほどの念押しを経て、Z氏はようやく話してくれた。

その場所を地元の人間は〈樹海(じゅかい)〉と呼んでいた。

もちろん、かの有名な富士山麓の樹海とはまったく別の土地なのだが、本家に負けず劣らず〈世捨て人〉や〈命捨て人〉が多く、ゆえに〈樹海〉の異名を冠している。

地元民としては、ゴミであろうが命でろうが勝手に捨てられては堪らないので、定期的に捜索をおこなう。スズランテープと懐中電灯、自治会費から捻出した一万円入りの封筒(彼いわく、現金をもらって心変わりする人は少なくないらしい)を手に、数人で奥へ奥へと分け入っていくのである。

〈本物〉よりは広くないため、慣れた者であれば半日で行って帰ってくるのは容易い。しかし、そう断言するZ氏ですら、ときどき自分が何処を歩いているのかわからなくなる。先述の理由により特徴は明かせないが、乱立する樹木と不規則に隆起した岩場が方向感覚を失わせるらしい。

そんなとき、Z氏は〈樹海〉で発見される遺体に思いを馳せてしまうという。あのなかには、「やはり生きよう」と踵をかえしたものの、迷って出られなくなった者がどれくらいいるのだろうか。彼らは、こんな寂しい心持ちだったのだろうか。氏らの奮闘もむなしく、毎年〈樹海〉では一定数の〈捨て終えた人〉が見つかる。


ある年のこと。

いつものように仲間と捜索をおこなっていると、前方の空に〈鳥山(とりやま)〉が見えた。大群をなして飛ぶ鳥のかたまりを、山に擬(なぞら)えそのように呼ぶのである。そして多くの場合、鳥山の真下には彼らのご馳走――大きな生き物の死骸がある。

たとえば鹿や穴熊、あるいは野犬(最近は多いそうだ)。そして、人間など。

鳥山はすでに形が崩れはじめている。せっかちな数羽がご馳走にありついている証拠だった。頼むから獣であってくれよ——そう祈りながら前進していると、

「おおう、おおう」

突然の咆哮（ほうこう）に、足が止まった。

鳥山のちょうど真下あたりで、なにかが吼（ほ）えている。

聞きなれた鹿や狐のそれではない。人間ならばまだ良いが、もしも熊や野犬の群れであれば面倒なことになる。じっと耳を澄ませた。

「おおう、おおう、おおうい、おうい」

全員が身構えるなか、咆哮はゆっくり意味をなす言葉に変わっていった。

「おおうい、かえいてくええ」

鳥山がさらに散り、さらに何羽かが樹海へと降りていく。

「おうい、かえいてくれえ」

第二陣に追いたてられ、〈食事中〉の烏たちが散り散りに飛びたった。

と、Z氏らの数メートル上空を、とりわけ大ぶりの一羽がゆるゆる通過していく。

大烏は、べろりとした白い物体を咥えていた。

食パンを思わせる物体には、目と鼻の痕跡、髭(ひげ)らしき毛が残っている。
「かえしてくれえ、かえしてくれえ」
声が一気にこちらへ近づいてきた。
誰が合図をしたわけでもないのに、全員がいっせいにその場から逃げだしたという。
その翌週、別なグループが〈樹海〉で男性の遺体を発見している。
見つけた場所や食い荒らされていたかどうかは、あえて訊かなかったそうだ。

誤（あやまる）

米の配達依頼、子供の欠席連絡、一方的に謝罪の言葉をまくしたてるサラリーマン――I氏の実家には一時期、間違い電話が頻繁にかかってきた。

「数えたわけじゃないけど、週に一、二回は〝いいえ、違います〟と言ってたなあ」

先にも例を挙げたとおり間違い電話は一種類ではなかった。彼はその理由を「時代の為せる業だったのではないか」と推察している。

「あのころってダイヤル式からプッシュホンに移行する端境期（はざかい）だったんだよ。だから、不慣れだとうっかり押しがちな数字だったんじゃないかな、ウチの番号」

先週は蕎麦屋の出前、昨日は借金の催促、今日はお見合いを断る娘さんだった――と食卓の話題にのぼるほどであったというから、その多さが窺い知れる。

「てなワケで、たいていの電話には動じなかったんだけど……アレは、さすがにね」

ある日の夕刻。

I氏が子供部屋で漫画本を読んでいると、廊下の黒電話が鳴った。

父は会社、母は実家の海苔屋を手伝いに出ているから、連絡をよこす時刻ではない。

「どうせまた間違い電話だろう」と、しばらく無視していたものの、ベルはいっこうに止む気配がない。

しぶしぶ彼は廊下へ向かい、受話器を取った。

「はい、もしも……」

「もしもしムラキサワでございます。先生にご祈祷いただいたおかげで、このたびは宅の主人が無事死にましてね。御礼かたがた報告させていただいた次第でございますの」

「あの」

「ええ、もう本当に先生が仰ったとおりの最期でございまして。警察ってば〝旦那さんが交通事故に遭いまして〟なんて言うものですから、あたくし〝あら、予定と違うわ〟なんて思ったんですけど、よくよく話を聞いてみたら、どんぴしゃりでしたの」

「あの、あの」

「宅の主人、渋滞で大型トラックに後ろから思いきりぶつけられまして。車は落としたお豆腐みたいに潰れちゃったんですが、そのときはまだ生きていたらしいんですのよ。ところがそこに漏れたガソリンが引火したそうでね、おかげでもう主人は焼き豆腐ですわよ。ですから先生が〝火難の相に殺されるであろう〟と仰ったとおりになりましたの。本当にこのたびは無理なお願いをいたしまして、御礼の言葉も」

「あのッ……かける先を、間違えてませんか」

電話の主は数秒ほど沈黙してから「言うなよ」と短く呟き、電話を切った。先ほどの浮わついた調子が嘘のように、低く重い声であったという。

「急いで新聞を捲ってみたら、すぐにそれらしい交通事故の記事を見つけちゃったよ。渋滞の列にトラックが突っこんで、先頭に停まっていた車が炎上。運転手は救出がまにあわず焼死しちまったらしい。まあ、その記事を見たバカがイタズラ電話をかけてきた可能性もあるんだけど……演技だったらもうすこしウマくやると思うんだよね」

それから一年ほどで間違い電話はぷっつりと途絶えたが、あの「焼き豆腐のお礼の電話」は二度とかかってこなかったそうだ。

妊(はらむ)

自宅へ続く住宅街をとぼとぼ歩いていたLさんは、異変に気づいて立ち止まった。

老婦人が、道のまんなかで通せんぼをしている。

脂(あぶら)で凝った白髪に、手垢まみれの眼鏡。手にした日傘はあちこちの骨が折れ、いびつな形に拡がっている。年齢と不釣りあいなドレスの裾には、うっすら焦げ跡があった。

異様な風態に絶句するうち、Lさんは唐突に思いだす。

わたしはさっき、この女性と遭遇している。神社で願掛けを終えて石段を降りる際、境内の片隅にぼんやり立っていた。

あそこから追ってきたのか、それとも——息を呑む彼女を前に、老婦人は「あのね、わたしね」と近づきながら、

「三日後に死んじゃうからね。そしたら入ってあげるからね」

Lさんの下腹部へ手をあてて、さりさりさりさりさり、と、なんべんも擦ってから、彼女の脇をすりぬけていった。

我に返って振りかえった先の一本道には、誰もいない。

肌には、しばらく摩擦のぬくもりが残っていた。着ていたセーターは、触れられた部分だけが毛玉になっていた。

その日は、不妊治療からの帰り道であったという。

来月、女の子が産まれる。

救（すくう）

「この話を人にするのは、はじめてです」

　話者の男性は十数年前、関東圏の地方都市にある市営団地へ住まいを移した。長らく勤めた会社をリストラされ、心機一転のつもりで引っ越したのだという。

　荷ほどきを終えた夜、彼は缶ビールを手に団地の屋上へと向かった。月見がてらに、独りぼっちの祝杯を挙げるつもりだった。

　ところが――屋上には先客が居た。

　手すりの前に、ひとりの青年が立っていたのである。

　背を向けているため顔は窺えないものの、張りつめた背中と折らんばかりに手すりを握りしめている指で、青年がなにをしようとしているのか、すぐに理解する。

男性は、逡巡した。

「早まるな」と叫べば発作的に手すりを乗り越えてしまうかもしれない。かといって、静かに説得できるような話術も持ちあわせてはいない。

どうする、どうする。わずか数秒迷って——男性は口を開いた。

「いやあ、きれいな空ですねえ」

真下ではなく真上に意識を向けてほしい。そんな思いゆえの第一声だった。

なにも気づいていないふりをして、世間話をよそおい話し続ける。天体が好きなこと、学生時代はサッカーに打ちこんでいたこと、実家の猫が自分にだけ懐いていないこと。思いつくかぎりの「どうでも良い話」を喋りたおした。

まもなく、無言で立ち尽くしている青年が、視線を空へとめぐらせた。

かすかな手応えを感じる。あとは夢中だった。

うるさいと怒りだしてくれても良い。邪魔者の乱入に白けても構わない。すこしでも耳を傾けて、踏みとどまってさえくれれば。その一心で男性は長広舌を止めなかった。

と——ふいに、青年が呟く。

「……僕も、猫は好きです」

ひどく疲れた声だった。

「引き留めてくれたんですよね」

「え、まあ、いや」

どこまで正直に申告すべきか判じあぐねていると、

「もっと早く会っていればなあ」

嬉しそうに笑って、青年は――透けた。

夜明けを早送りしたようにみるみる薄くなり、五秒ほどで見えなくなった。

握ったままの缶ビールは、すっかりと温くなっていた。


数日後、回覧板を届けにきた自治会長が「すこし前に屋上で飛び降りがあってね」と小声で教えてくれた。若い男性、精神的な持病を苦にしての自死であったという。

「花壇に落ちちゃってさ。新聞配達の人が見つけたときにはまだ生きてたんだって」

やるせなかったが、最期に彼は救われたのだと思いたかった。成仏したと信じたかった。


自治会長から話を聞いた次の夜、男性は再び屋上へと足を運ぶ。

手には缶ビールが二本。一本は屋上に置いていくつもりだった。

階段をのぼり、屋上へ続くドアを開ける。

「なんで」

青年が、おなじ場所におなじ格好で立ち、手すりを強く握っていた。

そのときようやく悟った。

彼は毎夜、飛ぶ瞬間をくりかえすのだ。何度説得しても逃れられないのだ。

無言で後退してドアを閉め、部屋に戻る。

それから翌年に引っ越すまで、二度と屋上にはのぼらなかった。

「あの夜、私は彼を救えたんですかね。救えなかったんですかね」

いまでも、夏の夜にときどき考える。

誰(だれ)

Mさんは小学校六年のとき、すこし奇妙な体験をしている。


朝、いつものように学校へ行くと教室が静まりかえっていた。

クラスメイトは自分を除く全員が椅子に座っており、いつもはチャイムが鳴ってから来るはずの先生も、すでに教卓の前で項垂(うなだ)れている。

もしかして、遅刻しちゃったのかな――と、壁の時計を見れば始業三十分前。

なにが起きたのかわからぬまま、忍び足で教室へ入り、自分の席にそっと座った。

それが合図であったかのように先生が顔をあげて、

「みなさんに、お知らせがあります」

こちらを見る目は真っ赤に充血している。

子供心にも「よろしくないことが起こったのだな」と理解した。

「昨日、スゼキタテシ君が亡くなりました」

Mさんは絶句した。

知らない名前だったからだ。

先生が教室の一角へ視線を送り、何人かの生徒がおなじ方角へ顔を向けた。つられてMさんも彼らのまなざしを追いかける。

おもてに面した壁際、ちょうど金魚の水槽が置かれている手前に机と椅子がひと組、はじかれたように放置されている。机のまんなかには故人を悼む花瓶が置かれており、花びらを半分むしられた花が数本、あちらこちらを向いたまま挿さっていた。

と、生徒のひとりが起立して、べそをかきながら〈スゼキタテシくんとの思い出〉を読みはじめた。いましがた訃報を聞いたはずなのに、弔辞まがいの文をしたためた原稿用紙を手にしているのが不思議だった。

弔辞は「給食のスープに入っていた大きな青虫を知らずに食べてしまった」という、いささか気味の悪い内容で、話のなかにスゼキタテシ君は一度も登場しなかった。続いて、別な女子生徒が原稿用紙を朗読しはじめた。今度は「校庭の隅で死んでいたヒヨドリが腐っていくのを毎日観察した」という話。やはり、スゼキタテシ君の名前は出てこなかった。最後にもうひとり弔辞を読んだが、なにを喋ったかは憶えていない。

三人の発表が終わると、先生が「もう授業はできません」と泣きはじめ、自分以外の生徒がいっせいに拍手をした。結局、その日は二時間目で切りあげることになった。

掃除の時間、数名の先生がスゼキタテシ君の机と椅子を引きとりにやってきた。と、運ぶ際に机がわずかに傾き、中身がどさどさ床にこぼれ落ちた。知らない表紙の教科書や乾涸(ひから)びたコッペパンに混じって、びしょ濡れの毛玉が転がっている。どうやらそれはヒヨドリで、おまけにほんのすこし動いていた。あっと思うまもなく、同級生のミカサ君が「かたみわけだ」と濡れ鳥を拾い、ポケットに入れてしまった。

帰宅後、両親にはなにも言わなかった。上手く説明できる自信がなかった。

翌日からは、学校もクラスメイトも先生も普段どおりに戻っていた。誰ひとりとして昨日のことを口にする気配はなかった。

もちろん、気になったMさんは先生や友人へ「スゼキタテシ君は誰なのか」と訊ねている。しかし、あるときからそれを止めてしまったのだという。

先生は、質問した翌々日「奥さんが腕をちょんぎっちゃった」のを理由に休職。同級生のヨシノは「ひき逃げごっこ」で重傷を負って学校に来なくなった。

唯一、ミカサ君は「そんな人知らないよ」と答えてくれたが、その後まもなく、涎を垂らしたままぼおっとすることが増えて、いつのまにか転校していた。


一昨年、小学校の同窓会があった。

二次会の席で酔ったMさんが「そういえばスゼキタテシってさ」と言ったが、やはり誰も憶えてはいなかった。するとまもなく、店内に蛍の光が流れだした。入店したのは日が暮れてまもなくのことで、それから体感的には一時間も経っていない。けれども同級生たちはみな納得した様子で席を立った。あとには呆然とするMさんと、最初の乾杯用に頼んだ生ビールのジョッキだけが残された。

同窓会は昨年も開催されたはずだが、とうとう通知は届かなかったという。

ねてもさめても

夢にまつわる怪異譚はあつかいが難しい。どれほど奇態なことが起こったとしても「でも、夢なんでしょ」のひとことで片づけられてしまうからだ。

だからこそ「これは」と思える話に出会ったときは嬉しい。そんな、夢と現(うつつ)の境界をやすやすと越えてくる、まさしく〈悪夢のような出来事〉をまとめてみた。


官能小説家のK子女史は、高校時代に妙な体験をしている。

「寝ていたんですけど……あ、艶っぽい意味じゃなくて、純粋な〈スリープ〉ですよ。畳の上で漫画を読んでいるうちに、ウトウトしちゃったんですよね」

ふと、階下から迫ってくる振動で目が覚めた。

何者かが階段を駆けあがっているのだと気づく。やけに荒っぽい足音が気になった。

両親は小柄で、どう頑張っても地響きを立てるような真似はできない。

じゃあ――これはだれ。

微睡(まどろ)みながら考えていると、目の前の引き戸が一気に開いた。

見たことのない老婆が彼女を見下ろしている。

白い着物に乱れた白髪。樹皮に似た皺だらけの顔は、鬼の面を被っているのかと思うほどに角立(かどだ)っていた。

驚きに半身を起こした瞬間、K子女史の足首を老婆が掴む。

抵抗したものの、老婆の力はおそろしく強かった。昆虫じみた細い指なのにまったく逃れることができない。畳に爪を立てたまま、彼女は廊下へと引きずられていった。視界が床と並行に動き、机の足や乱暴に畳んだ布団が横にずるずると流れていく。平積みの本に指先が触れ、どささ、と音を立て崩れた。助けを求めたくとも、喉が詰まって声がでない。かろうじて襖の横にある柱へとっさに抱きつき、必死であらがった。

そんな攻防が一分ほども続いて――ふいに、足首の感触が消えた。

おそるおそる見てみれば、老婆の姿は何処にもない。

もしかして、夢か。

ほっとして周囲へ視線を巡らせた途端、「うそ」と声が漏れる。

廊下に寝ていた。

腰から下が自室からはみだしており、ぴんと伸ばした腕は柱にしがみついている。

畳の上に積んであったはずの本は、雪崩を起こしていた。

「寝ぼけたとしても、あんな場所まで移動するとは思えないんですよね。もしかしたら寝相が悪い人って、知らず知らずのうちに、ああいう目に遭っているんじゃないか……そんな気がするんです」

実家の部屋の畳には、いまでも彼女が立てた爪の跡が残っている。


不動産業を営むJ氏は、ここ数年〈おなじ夢〉を定期的に見ているそうだ。

「厳密に言えば、おなじではないんですけどね。けれど、どんな夢であったかは詳しく憶えてないんです。とにかく重くて苦しくて〝こんな目に遭うなら死んだほうがましだ〟と思ったところで飛び起きて、安堵の息を吐いたと同時に真下の部屋から」

おがあ、おがあ――。

赤ん坊の泣き声がするのだという。

彼の家は、郊外の一戸建てである。結婚を機に購入した中古物件だが、八年ほど前に妻と別れてからは独りで暮らしている。

「それでも、はじめのうちは良かったんです。〝まだ夢うつつなのかもしれない〟とか〝庭に鳥が来ているんだろう〟とか〝発情期の猫が屋根裏にでも迷いこんだのかな〟とか、自分をなんとか騙せましたから。ところが」

一年ほど前、状況が変わった。

いつもとおなじ悪夢にうなされ、布団を跳ねとばすようにして目覚めると。

おがあざ、おがあざん――。

あきらかに女児の声であったという。

「ああいう〈モノ〉も成長ってするんですかね。どこまで育つんでしょうね」

最近、覚醒しても夢の中身をうっすらと憶えている。

それが却って怖いのだ――と、彼は最後にひとこと呟いた。

U氏はこの春、別居を言いわたされている。

とは言っても別に夫婦仲が悪くなったわけではない。やむない東京出張からの帰路、二歳になる長男への感染を懸念した妻から「しばらく家に帰ってこないでほしいの」と電話が入ったのだ。

仕方なく二週間の外泊を決めたものの、期間が長いだけに値の張るホテルは厳しい。あたふたと新幹線のなかで携帯を弄り、なんとか「一泊千円」の宿を駅裏に見つけた。

「こぢんまりしたビジネスホテルで、客室は予想以上に古くて狭いものでした。まあ、料金を考えれば文句は言えませんよね」

ここに、あと半月暮らすのか――。

寂寞(せきばく)とした思いに駆られながらシャツを脱ぎすて、下着のままでベッドに倒れこむ。ぼんやり天井を眺めるうち、いつのまにか意識が薄れ――そして、夢を見た。

棺桶のような、ひどく狭い空間に寝そべっている。

あたりを確かめようとするものの、腕も足も首もまるで動かず、声すら発することができない。汗みずくになりながら、かろうじて自由がきく眼球を右へ左へ動かすうち、どこからか低い唸り声が聞こえてきた。暗闇のなか、声はだんだん大きくなっていく。

あいかわらず身体はぴくりともしない。

なんなんだよ、これはいったいなんなんだよ。いましめを解こうと死にものぐるいで暴れた瞬間、いきなり視界の脇に腕が迫ってきて――叫びながら、目を覚ました。

「そのときは〝出張の疲れが残っていたのかな〟と自分を納得させたんですが」

U氏は、その後も毎日おなじ夢を見る。

棺を思わせる場所。動かない身体。低い唸り声。そして、闇から襲いかかる腕。

まるでトレースしたかのように、寸分たがわぬ内容だった。

一度ならばともかく、連日とはあきらかに尋常ではない。時期が時期ということもあって「もしや感染しているのでは」との疑いすら抱きはじめた。

「それでも、自宅へ戻るわけにはいきませんからね。なんとか軟禁に耐えて、不自由を我慢して……どうにか明日でチェックアウトという日まで漕ぎつけたんです」

最後の夜は、いつにもまして寝つけなかった。

まどろんだかと思うと自身の寝言で覚醒してしまう。それを何度も繰りかえすうち、ふと疑問が湧いた。

もしかして――これは、まさか、でも。

確証が持てぬまま、再びごろりと寝返りを打つ。

その拍子にベッドから腕がはみだし、滑り落ちた手が床にどさりと垂れて、
うあああああっ——。

ベッドの真下から、男の叫び声が聞こえた。

自分そっくりの声だった。

「朝を待たずにチェックアウトし、ひたすら歩いて時間を潰しました。あの部屋、過去にいったいなにがあったんでしょうか」

そのとき以来、駅裏には近づかないようにしている。

わんのいれもの

ゆうに半世紀以上前、とある村での話とだけ、まずは伝えておきたい。

「うちの蔵に〈わんのいれもの〉があるんだ。見にいぐべは」

サトが幼馴染みのミチからそんな誘いを受けたのは、ちょうど七歳になったばかりのころだった。

彼女も自分もおなじ農家の娘であるが、田畑の広さがまるで違う。

父みずから「猫の額だ」と自嘲する田んぼしか持たぬサトの家に対し、かつて地主であったミチの家は、親戚のみならず周囲の住人まで駆りだし米作りを営んでいた。

そんな格差に遠慮したわけではないけれど、サトはミチ宅を訪ねたことがなかった。

いつも、庭を走りまわる鶏(にわとり)や太々とした柿の木を遠巻きに眺めるばかりだった。

だから、ミチからの誘いは本当に嬉しかった。

ようやく友だちと認められたような気がした。

「わんのいれもの」がなんであるかなど、考えもしなかった。


あんのじょう、大人たちは田畑に出かけていた。

ミチに手を引かれるまま、広々とした庭を横ぎって家の裏手へ向かう。養蚕小屋のさらに奥——桑畑の片隅に、その蔵はあった。

一度だけ里で目にしたものとは、だいぶんと趣きの異なる蔵だった。壁に白い漆喰は塗られておらず、黄色の土があらわになっている。久しく手を入れていないのか、壁はあちこちが崩れて穴が開き、隙間から稲藁や横木がはみだしていた。

「お父が子供の時分は、納屋に使っておったんだとよ」

ミチがさらりと言う。サトの知っている納屋とは、板塀を釘で打っただけの掘っ立てだった。そんなところからして違うのか——驚いたような悲しいような、上手く言葉にできない心持ちでいると、ミチが「昨日見たら、鍵が壊れとったのよ」と悪戯っぽく囁いた。

　その言葉どおり、引き戸の手前には南京錠が転がっている。掛け金は途中でぱっきり折れていた。力にまかせて押し引きしたようにも見えるが、さすがにミチの仕業ではないだろうと思える。

　ならば、誰が――ぼんやり考えているサトを横目に、ミチが引き戸を両手でつかむと綱引きよろしくこじ開けはじめた。戸は長らく開け閉めされていなかったのか、滑りが悪くてなかなか動かない。慌てて加勢し一緒に引っぱると、ようやく子供ひとり入れるほどの隙間ができた。

「いよいよだの」

　ミチが笑う。サトの胸が高鳴った。

　なにせ昔のこと、おまけに田舎である。娯楽は野山にあり、子供はおもてで遊ぶのが常だった。だからこそ建物への潜入は、すこし背徳めいた大人の悪戯だった。

　手を繋ぎあって、薄暗がりのなかをそろりそろりと進む。埃と黴に似たにおいを我慢するうち、ゆっくりと目が慣れはじめた。錆だらけの鍬や壊れた農具に混じって、長持や茶箱がいくつも置かれている。どれもこれも秘密を閉じこめた宝箱のように思えたが、ミチはそれらに目もくれず、蔵のなかを右へ左へうろついている。

「ねえ、なにしとんの」

「さっき言ったべや。〈わんのいれもの〉を探してんだ」

「それ、なんなんさ」

矢継ぎ早の質問に、ミチが呆れ顔で捜索の手を止めた。

「こないだ、お父とお母が話しとったのよ。〝蔵を潰して家コ建てる話が出てけんど、〈わんのいれもの〉だけは気をつけねえど駄目だすけな、なにか起こってからでは大変だもの〟ってよ。あとからお母に〝わんのいれものってなに〟と訊いだら〝子供が知らねで良い話だ〟と怒られだわ。そこまで隠されだら気になるでの、絶対に探すんだ」

ほれ、ぼおっとしてねえで見つけでけろ——ミチが手を叩いて捜索を急かす。

なんとか返事をかえしたものの、サトはちょっぴり白けていた。

正体もわからぬものを探すために、自分を人足に駆りたてたとは。しかも、先ほどの話によれば、この蔵を潰して新居を建てるというではないか。それほど満ち足りているくせに、どうしてさらに欲をかくのか。やはり、身分が違うということか。

なんだかとても悔しくなって「そろそろ帰る」と言いかけた、そのとき——。

「あっ、これでねえか」

古箪笥（ふるだんす）の抽斗（ひきだし）を漁っていたミチが、なにかを抱えながら駆け寄ってきた。

手にしているのは、湯呑みをしまう茶櫃（ちゃびつ）によく似た、蓋つきの丸い桶（おけ）である。

桶は、全体がぼんやりと朱い。最初は「漆でも塗られているのか」と思ったが、顔を近づけて目を凝らした瞬間、そうではないと悟った。

桶には無数の赤茶けた和紙が貼られており、さらに麻紐で何重にも縛られている。和紙の色は柿渋（かきしぶ）だろうか。祖父が持っていた和傘の色によく似ている。紙はいずれも長四角い形で、鎮守（ちんじゅ）様の柱に貼られている千社札を思いださせた。麻紐は縦横ななめとやみくもに巻きつき、紙がめりこむほどにきつく締めてある。そう容易（たやす）くほどけないであろうことは、子供の目にもあきらかだった。

けれども、なぜこのような真似をするのかは皆目わからない。

桶なのだから何度も蓋を開け閉めするはずだが、これでは紐を苦心して緩めたうえ、蓋と容器を接（つ）いでいる紙を剥がさなくては使えない。

なんのために、これほどの手間を——そこで、ようやく気がついた。

もしかして、逆ではないのか。

これは、容易に開けないための処理ではないのか。

サトの不安をよそに、ミチはこちらへ背を向けたまま悪戦苦闘を続けている。紐の隙間に爪を立て、和紙の接ぎ目を探しては矯めつ眇めつを繰りかえしている。止めたほうが――という科白は喉につかえたまま、言葉にならない。

「よし」

まもなく、勝ちほこったように叫びながらミチが振りむいた。

手にした桶は蓋がわずかに開き、和紙がぱりぱりと剥離している。

「紐は固くて無理だったけんど、もうすこし開けば中身が見えるでの」

そう言って、ミチが蓋と容器のあいだへ指をこじ入れた。

すると――。

ぎぁん、ぎぁん。ぎぁんぎぁんぎぁんぎぁん。

聞いたこともない金切り声が、蔵いっぱいに反響した。

獣の咆哮とも、赤児の悲鳴とも、男の高笑いともつかない声だった。

天井あたりで聞こえているようにも、桶のなかから届いているようにも思えた。

声の正体や所在を探る余裕などなかった。ミチが桶を放りなげて出口へと駆けだし、サトも慌てて背中を追った。二度転んだが、豪農の娘は振りかえらなかった。

転げるように飛びだすと、あたりは午後の光であいかわらず眩しかった。鬱蒼とした桑畑も遠くの田んぼも、いつもとまるで変わらない。いましがたの出来事が嘘のように思えた。そういえば、声はいつのまにか聞こえなくなっている。

「ああ……犬の鳴き声が入っとるから〈わんのいれもの〉か」

砂利に尻餅をついたまま、ミチが呟く。宝物のあてがはずれて落胆したのか、すでに興味の失せた顔をしている。その表情が、ひどく印象に残った。


その年の暮れ、ミチの一家が村を去った。

転校の挨拶もない突然の別れ。父も母も担任教諭も「村のことならなんでも聞け」と豪語する祖父ですら、詳しいことはなにひとつ教えてくれなかった。

まもなくミチの家は、母屋も養蚕小屋も蔵も取り壊され更地になった。はじめこそ「町の電力会社が買い取るらしい」ともっぱらの噂だったが、何年経っても工事の手が入ることはなかった。そのうち村の者は豪農一家の存在を話さなくなり、サトも次第にミチの顔を忘れていった。

時計の針は、一気に三十年後まで進む。

ある年の暮れ、まもなく不惑を迎えるサトは久々に実家へと帰省した。

娘と過ごす正月がよほど嬉しかったのだろう、下戸の父はしこたまお屠蘇を飲んで、ずいぶんとご機嫌になっている。いつもは寡黙な父が饒舌になって思い出を語る姿は、なんだかすこし可愛らしくもあった。

と——親孝行のつもりで回顧録につきあっていたサトに、

「あの家も大変だったなあ」

呂律がまわらぬ調子のまま、父が呟いた。

〈あの家〉がなにを指すのか、一瞬で悟る。朽ちかけた土蔵と厳重に封をされた丸桶が、あざやかな色で脳裏に浮かびあがった。

父によれば、あの年の秋口、ミチの家では大幅な改修工事を予定していたのだという。

流行りの洋風住宅にするらしいとか、保養施設を建てる腹積もりのようだとか、さまざまな流言飛語が村を飛び交っていた。ともあれ更地にしなければ、いかなる計画も進まない。重機が敷地に運びこまれ、古い養蚕小屋や放ったらかしだった桑の木がどんどんと潰されていった。

そんなある日のこと。

裏手の土蔵を解体するために、収蔵品を運びだそうという話になった。とにかく人足が要るとのことで、サトの父も手伝いに駆りだされた。

当主であるミチの父は、いつも笑顔の温厚な人柄で知られていたが、その日は打って変わって険しい表情を崩さなかった。人足の一挙手一投足に目を配り、しきりに「気をつけて運べ」「用心を怠(おこた)るな」と連呼している。人々は当主の豹変ぶりに驚きつつ、「よっぽど貴重な品があるのだろう」と囁きあっていた。

昼を過ぎて、陽が西に傾きはじめた時分であったという。

人足のひとりが蔵の奥に転がる奇妙な品を目に留めた。麻紐で雁字搦(がんじがら)めにされた渋紙だらけの桶である。「これは、いったいなにか」と当主に訊ねようとしたものの、あいにくミチの父は便所へ用足しに赴いていた。発見した男は当主の帰りを待とうとしたが、別なひとりが興味を抑えきれず「開けてみるべは」と促した。

麻紐はぎっちり結ばれていたが、そこは野良仕事に長けた連中である。たちまち結び目を見つけするするとほどいてしまった。渋紙もかなり劣化していたのか、すこし力をこめただけで枯れ葉のように割れ落ちた。

斯くして、ものの一分ほどで封は解かれ、男たちは蓋を開けた。

なかは、空っぽだった。

硬貨ひとつ、紙きれ一枚入っていなかった。

「なんだべ」

肩透かしを食らった腹いせに、男が桶を放り捨てる。

その、数秒後。

ぎぁん、ぎぁん、ぎぁん、ぎぁん、ぎぁん、ぎぁん——。

半鐘に似た絶叫が耳に届いた。

なにごとかと蔵の外に出てみれば、声は庭はずれにある厠のなかから聞こえている。

慌てて駆けつけてみれば、厠の前にはすでに人足が何名か集まり、どうしたものかと顔を見あわせていた。その間も、ぎぁん、ぎぁん、はいっかな止む様子がない。痺れをきらしたひとりが板戸の把手を力まかせに蹴りつけ、強引に鍵を壊す。

当時は、母屋から独立した形で便所を建てるのが珍しくなかった。

戸を開けた瞬間、その場の全員が息を呑んだ。

厠のなかで、当主が汲み取り便所の穴に尻を嵌めたまま「ぎぁん、ぎぁん」と吠えている。ぼろぼろと泣きながら、口の端に泡を溜めたまま、当主は鳴き続けていた。

あきらかに尋常な様子ではない。総出で厠から引きずりだして庭先の石に座らせる。どうにか悲鳴を止めようとするものの、当主は呼吸もままならぬ様子で、あいかわらず「ぎぁん、ぎぁん」を繰りかえしていた。

「おい、あっちでも聞こえるぞッ」

誰かが言うなり、何人かが当主の家に向かって走りだす。たしかに母屋の方角から、「ぎぁん、ぎぁん」が聞こえていた。

声のぬしは当主の妻であった。かまどの前へ棒立ちになり、着物がはだけるのも気にせずに「ぎぁん、ぎぁん」と喚いていた。奥の仏間では当主の母にあたる先代の奥方が、布団に寝たきりのまま叫んでいる。もとより肺が弱かったのか、それとも喉が枯れたのか、こちらはほとんど声になっていなかった。

すぐさま救急車が町から呼ばれて、到着するなり三人を運びだし――そして、彼らはそのまま二度と帰ってこなかった。

数日後、親族を名乗る男が村を訪ねてきた。男は、サトの父らに当日の賃金としてはかなり多めの紙幣を全員にわたすと、「後始末はこちらでいたします」とだけ告げた。

まもなく家は男の言葉どおり、あっというまに解体されて更地になった。ひとり娘のミチは親族に引き取られたとの話だったが、はたして正気を保っていたのか、それとも彼女もまた「ぎぁん、ぎぁん」になっていたのかは、誰も知らなかった。

「そんで……ぜんぶ終わりだや。あとはもう、なにもなくなった」

昔語りが終わるなり、サトは一連の出来事を打ちあけた。父は黙って娘の告白に耳を傾けていたが、彼女が丸桶の名前を告げるや「違うよ」とかぶりを振った。

「なにが違うの」

「いれものは、容器のことじゃねえで」

「だって、容れ物といったらそれしかないでしょう」

抗議するサトを一瞥してから、父が、ぼそり、と低く漏らす。

「ここらでは、棺桶のことをそう呼ぶんだ」

以上の話は南東北某所で二年ほど前にうかがった「死んだ祖母の日記に書かれていた」話である。地名その他の詳細な情報は、話者の要望により伏せさせていただいた。

また、名前も仮のものであることを申しあげておきたい。

ちなみに「容れ物」は事実、棺の忌み詞である。結婚式で「切る」「分ける」などの不吉な言いまわしを避けるように「棺」も地域によっては口にするのを嫌う。その際、代わりに用いるのが「容れ物」という単語なのだそうだ。

むかしのいえ

　K氏は昨年、実母を看取(みと)っている。

　女手ひとつで自分と姉を育ててくれた優しい母だが、晩年は認知症を患い日常生活がままならなくなった。とりわけ苦慮したのが徘徊である。深夜あるいは早朝にふらりと家を出て、行方が知れなくなるのだ。

　健脚であったのも災いし、母は信じられない距離を歩いた。土地勘がないはずの隣町を歩いていたことも、十数キロ先の駅前でぽつんと地べたに座っていたこともある。何度かは警察官に保護され、パトカーで自宅に戻ってきた。

　このままでは、いずれ最悪の事態を迎えるのではないか——K氏はそれを懸念して、業者に門扉と外塀の改修を依頼する。容易に乗り越えられぬようブロックを高く積み、門扉を二重に設置し、それぞれに太い錠前を取りつけたのである。

「玄関は施錠できませんでした。結婚以来母が暮らし続けてきたこの家を……正確には改築しているので二代目の家ですが……牢獄に変えてしまうような気がして」


ところが——改修を終えて数日後の深夜、母が忽然と消えた。

寝床は空になっており、台所にも手洗いにも姿がない。慌てておもてに出てみたが、門扉の錠前はかたく閉まっていて、外塀も異常は見られなかった。

常識的に考えれば母は家にいる。しかし、いない。

意味がわからなかった。

あまり騒ぎにしたくはなかったが、翌朝になっても発見できなければ捜索願を出すしかない。焦る気持ちを抑えつつ、母の姿がないか門扉ごしに路地を見つめていると——

背後から声をかけられた。

「あんた、ここでなにしとんの」

寝巻き姿で裸足の母が、心配そうな顔でこちらを見つめている。

「それはこっちの科白じゃ。どこにおった」

肩を揺さぶって訊ねたものの、母はいっかな要領を得ず、

「おったよう。ずっと家におったよう」

しまいには叱られたと思ったのか、おいおいと声をあげて泣きだした。

このままでは近所迷惑になる。追求を諦めて家へ入るよう促した、その矢先。

K氏は、母がなにかを握りしめているのに気がつく。

やさしく諭しながら掌を開かせてみれば、出てきたのは一体の人形であった。

古布を赤糸で縫いあわせただけの代物で、あきらかに市販の玩具ではない。お手玉をふたつ繋げ、申しわけ程度に手足をくっつけたような身体。極端に大きい頭には、目も鼻も見あたらなかった。

お世辞にも可愛らしいとはいえない布人形――K氏は見おぼえがあった。

これはたしか、子供のころに母が自作してくれたものだ。

玩具を買ってやれない息子のために、はぎれを縫ってくれたものだ。

そして――あるはずのないものだ。

この人形を母からもらってまもなく、家は全焼しているからだ。

人形どころか家財道具も冷蔵庫もテレビも学習机もお父さんも燃えてしまったからだ。

手を引いて寝室まで案内し、布団の上にぺたんと座らせる。

「これ、どこで見つけたん」

K氏の問いに、母は「家に決まっとるでしょう」と答えた。

「だから、家のどこで」

「茶箪笥の抽斗に野球カードと一緒に入っとったよ。あんたが隠したんでしょうが」

「そんなもん、何十年も前に家ごと焼けたろうが」

「焼けてないよ。さっきも茶箪笥から湯呑みを出してお茶淹れたもの。ほら、信楽焼の赤い湯呑み」

「それは昔の家にあった親父の茶碗じゃろッ。とっくに炭になったわ」

「なんでそんな変なことばっかり言うのッ。やめてよやめてよ」

その後、何度訊いても母はかぶりを降るばかりで、まともな反応を得られなかった。

どうして母は昔の家にあったはずの人形を持っていたのか。

なぜ、ずっと前に焼失した昔の家へ行ったなどと言うのか。

なにも答えぬまま、母はまもなく寝たきりになって——逝った。

そうしたほうが良いような気がしたので、人形はそっと棺へ入れて茶毘に付した。

精進落としの席で、K氏は姉に一連の出来事を告白している。

しかし人形のくだりになった途端、姉は顔をしかめて、

「あんたが民宿の焼却場で拾った人形でしょ。私もお父さんも汚れてるから捨てろって言ったのに〝やめてよやめてよ〟と泣いて嫌がるんだもの。で、あれがどうしたの」

そこでちょうど骨上げの報せが入り、会話はうやむやになった。

K氏には、そのような宿に行った記憶がない。

あとがきという名の、もう一話。

こんにちは、黒木です。

前著『黒木魔奇録』を上梓したのが二〇一八年、なんだか遠い昔のような気がします。この二年のあいだに新たな怪談実話の書き手や語り手が続々と登場し、人気を博しているのは皆さんもご承知のとおりです。ニューカマーによって新陳代謝がはかられるのは、どの世界でも必然の流れ。俊英と精鋭の新星きらめくなか、半ば化石のような私にお座敷から声がかかることはもうないだろうと思っておりました。

しかし、こちらの諦念とは裏腹に〈彼ら〉は私を離さなかったようです。前作を上梓して以降も、身震いするような体験が定期的に私のもとへ集まり、気づけばそれなりの数となりました。人形供養よろしく、集められたモノはお焚きあげをするのが世の倣い。ならば供養がてらに〈彼らの話〉を文章にしたため世に出すよりほかあるまい。それを拒めば我が身に累が及ぶ、との惧れから、第二弾刊行となった次第です。

老兵にしていまだ雑兵の、見苦しい筆さばきを笑ってもらえたなら幸甚であります。


本作執筆中の忘れがたい出来事といえば、やはりコロナ禍でしょうか。普段であれば話者のもとへ赴き、対面で体験を拝聴するのですが、さすがに今回はそれも儘ならず、何名かの体験者にはオンラインで取材させていただきました。幸いにも、本書に収録した話の半数以上は取材を終えていたため、さしたる影響はありませんでしたが「もしも取材をはじめるタイミングで災疫が起こっていたら、どうなっていただろう」とひそかに肝を冷やしました。強運なのか凶運なのか、判断がつきかねるところです。

もっとも、それはあくまで生きている側の都合に過ぎません。

どうやら〈人ならざるモノ〉は生身の人間以上に適応能力が高いと見えて、非常事態下でもその影響力を存分に発揮したようです。おかげで、このご時世ならではの怪異譚も収集できました。

常日頃はあまり流行り廃りにとらわれない書きぶりを心がけているのですが、今春の閉塞した雰囲気を書き留めておくのも一興と思い、いくつかの話はあえて時節がわかる形で収録させていただきました。本書が出るころには、あの忌まわしい季節がすっかり過去のものとなっていれば嬉しいのですが。

怪談を車座で語っていると、〈よくないモノ〉が怖気を嗅ぎとり集まってくるとはよく聞く話です。わずか数名が醸しだす負の感情にすら敏感な〈彼ら〉のこと、不安に満ちた当世の空気は、ことのほか心地よいのかもしれません。崩れた日常の隙間から非日常が顔を覗かせる、その瞬間こそが怪談の醍醐味であるならば、いまこそが〈彼ら〉にとって我が世の春なのでは——などと考えてしまう今日このごろです。


さあ、身の程知らずな講釈はこのくらいにして、最後におまけの話をひとつ。

実は、いまこの原稿を書いている部屋の真下で昨秋、人死にが出ました。

亡くなったのは階下に住む六十代の独居男性で、発見されたときは死後二週間ほどが経過していました。いわゆる孤独死というやつです。複数の警察官が現場を行き交う物々しい様子や、うっかりと嗅いでしまった形容しがたい臭気など、いろいろな意味で忘れがたい経験になりました。加えてその後、故人に関連しているとおぼしき怪事が私のまわりで起こっています（その顛末は昨冬に刊行した『怪談売買録　嗤い猿』に記してあります。興味をお持ちの方はぜひ手に取ってみてください）。

　さて、私と彼のあいだには少なからず交流がありました。

　とはいっても笑顔で語りあったり、鍋を囲んだりする仲だったわけではありません。彼はたびたび泥酔しては騒動を起こし、私を含む住人と揉めていたのです。

　私は医師でも専門家でもなく、まして本人から直に聞いたわけでもありませんから、迂闊な断定はできません。ただ、普段の動向を見るかぎり、彼は世間でいうところの〈依存症〉に近い状態だったのではないかと思っています。

　たとえば、男性は深夜に私の部屋へ無断侵入してくることが何度かありました。彼の部屋が一階、私は真上の二階に暮らしていますから、常識的に考えれば間違えるはずもないのですが、やはりアルコールというのは判断を鈍らせてしまうのでしょう。深夜に玄関のドアが、ぱたん――と開く音が聞こえ、振りむいた先で赤ら顔の男がにかにかと（彼は酔うと常に笑顔なのです）立っているというのは、なかなか強烈な光景でした。

　もっとも本人にはまったく悪気がないようで、きまって翌日謝罪に訪れます。いままでも我が家には彼から闖入（ちんにゅう）のお詫びにもらったインスタントコーヒーの詰めあわせが残っています。なんだか開ける気になれず、そのまま放置しているのです。

なかでもいちばん頭を悩ませたのは、彼の悪癖でした。男性は酩酊すると、きまって自室を走りまわり、その後に壁や柱をすさまじい勢いで殴り続けるのです。建物全体が地震かと思うほど激しく揺れ、ひどいときにはそれがまる一日続きました。あまりの騒音に耐えかねて直談判へ赴いたこともありますが、男性は笑顔のまま支離滅裂な言動を口にするばかりでした。このときは埒があかずに警察へ電話をかけ、おまわりさんから注意をしてもらっています。

では――そんな男性がいなくなって音が止んだかといえば。

まだ聞こえるのです。

実はいまも、さっきからどたんどたんと音が響いているのです。

時刻は現在、午前二時二十分。

私はたいそう驚き、慌ててこのあとがきを綴りはじめた――という次第です。

そういえば数週間前、施工業者とおぼしき男性三人組が真下の部屋でなにやら作業をおこなっていました。さすがに現状のままで貸しだすわけにもいかず、放置されている遺品を浚い、壁や床などをリフォームする予定なのでしょう。

と、業者のひとりがおもむろに、

「なあ、ここって男の人（が亡くなったん）だよな」

仲間へ問いかける声が聞こえました。私は日中、窓を開けたまま執筆しているため、下の声が耳に届くのです。

「そうだったと思うけど」

「じゃあ……なんでこんなにたくさん、子供の着物があるの」

予想外の言葉に思わず耳をそばだてたのですが、おりあしく別のひとりが電動工具を使いはじめたため、話はそこで遮られてしまいました。


彼らの会話を思いだしつつ、私はいま考えています。

ときおり聞こえていたあの音は、もしや子供の走る足音だったのではないか。

男性は、その音に怯えて部屋を殴り続けていたのではないか。

答えはもう見つかりません。

などと書いているうちに、階下の音がぴたりと止みました。

次に聞こえてくるのが、この部屋でないことを祈るばかりです。

黒木魔奇録 狐憑き

2020年8月5日　初版第1刷発行

著者　黒木あるじ
企画・編集　中西如（Studio DARA）
発行人　後藤明信
発行所　株式会社 竹書房
〒102-0072 東京都千代田区飯田橋2-7-3
電話03（3264）1576（代表）
電話03（3234）6208（編集）
http://www.takeshobo.co.jp
印刷所　中央精版印刷株式会社

定価はカバーに表示しています。
落丁・乱丁本の場合は竹書房までお問い合わせください。

ISBN978-4-8019-2345-4 C0193